模型理论 6
——异级同构模型

孙国生 著

山西出版传媒集团
山西人民出版社

图书在版编目（CIP）数据

模型理论．6，异级同构模型 / 孙国生著． -- 太原：山西人民出版社，2021.11

ISBN 978-7-203-11847-3

Ⅰ.①模… Ⅱ.①孙… Ⅲ.①股票投资—经济模型—经济理论 Ⅳ.① F830.91

中国版本图书馆 CIP 数据核字（2021）第 116611 号

模型理论．6，异级同构模型

著　　者：孙国生
责任编辑：李建业
复　　审：贾　娟
终　　审：武　静
装帧设计：牛林圆　刘　明

出 版 者：山西出版传媒集团·山西人民出版社
地　　址：太原市建设南路 21 号
邮　　编：030012
发行营销：0351-4922220　　4955996　　4956039　　4922127（传真）
天猫官网：http://sxrmcbs.tmall.com　　电话：0351-4922159
E-mail　：sxskcb@163.com　　发行部
　　　　　sxskcb@126.com　　总编室
网　　址：www.sxskcb.com

经 销 者：山西出版传媒集团·山西人民出版社
承 印 厂：廊坊市祥丰印刷有限公司

开　　本：710mm×1000mm　1/16
印　　张：16
字　　数：185 千字
印　　数：1-5000 册
版　　次：2021 年 11 月　第 1 版
印　　次：2021 年 11 月　第 1 次印刷
书　　号：ISBN 978-7-203-11847-3
定　　价：198.00 元

如有印装质量问题请与本社联系调换

推荐序 1

戴若·顾比

> 戴若·顾比是国际著名的金融技术分析专家，经常做客CNBC，被誉为"图表先生"。他是《股票交易》《趋势交易》《股市投资36计》的作者。他开发的几种领先的技术分析指标被世界各地很多市场的投资者广泛应用。

The series of books "Model Theory" mentions the important differences between numbers and patterns. It suggests that Western thinking is more concerned with numbers and Eastern thinking is more concerned with patterns. I am a western trader but my trading decisions are based on patterns of behaviour. This is the great truth of the market. The market data and information is made up from numbers, but these numbers capture the psychological behaviour of the participants in the market. The market is not really made of numbers, it is made of people. The numbers are just a record of behaviour. Understanding how the people behave is the key task for investors and traders in the financial markets.

However, numbers in the form of algorithms can be used to track and understand the behaviour of groups of individuals. This is now an essential part of the modern model theory of the market. We hear of the terms Big Data in the

common marketplace, but Big Data has been the foundation of financial market technical and chart analysis for centuries. The early candlestick charts created by Japanese rice traders capture the extremes of human emotions and behaviour in the price activity. They looked at the aggregate of market behaviour – the Big Data – and used this to understand the behaviour of the market participants. Understanding this behaviour is the first step towards understanding the potential future behaviour of market participants.

Modern thinking has advanced our understanding of this market and economic model. The series of books "Model Theory" looks at this in interesting detail. It surveys the achievements of other economic model masters from Karl Marx and Adam Smith to Keynes. This series of books comes at an interesting time because following the Global Financial Crisis in 2008 the operation of the financial markets has changed. There is a desperate need for a new understanding and development of new models to better understand and explain the new market behaviour. The behaviour has been complicated by the growth of derivative trading instruments so the connection between the individual and the market is distorted. The structure of satisfying supply and demand has changed. We need to develop new models to understand this new market condition. This series of books is an important step in developing this understanding.

"模型理论"系列丛书讲到了数和形两者间的重要区别，它谈到西方的思维更关注数，而东方的思维更关注形。作为一个西方交易者，我的交易决策都是建立在交易行为的形态基础之上——形态是市场的实质。市场数据和信息是由数所构成的，但是这些数字反映的是市场参与者的心理行为。市场真的不是由数字构成的，而是由人构成的，数字只不过是行为的记录而已。对于金融市场中的投资者和交易者来说，关键是要理解人的行为。

然而数字运算可以用来追踪和理解群体的行为，这是当前市场模型理论的基本组成部分。我们都听过应用于大众市场的"大数据"这个词，但是几个世纪以来，大数据已然成为金融市场技术分析和图表分析的基础。早期由日本米商所创设的K线图捕捉的是人类情感在价格活动中的极值和行为。他们观察市场行为的综合表现（大数据）并以此来了解市场参与者的行为，而这正是理解市场参与者潜在的未来行为的第一步。

现代思维扩展了我们对市场和经济模型的理解，"模型理论"系列丛书对此做了生动的描述，该书把卡尔·马克思、亚当·斯密、凯恩斯这些经济模型大师的成果进行了调查和汇总。因为在经历了2008年的全球金融危机之后，金融市场的操作已然发生了改变，所以这套书问世的时间很令人关注，此时亟须一种对新模型的理解和发展，以更好地理解和解释新的市场行为，随着衍生交易工具的发展，市场行为也日趋复杂，所以个体和市场之间的关联被扭曲了。满足供求关系的结果也发生了变化。我们需要发展新的模型来理解这个新的市场状况。这套书在这方面迈出了重要的一步。

推荐序 2

杰瑞米·杜·普莱西斯

> 杰瑞米·杜·普莱西斯,《点数图指南》的作者。

I first met Mr. Sun in June 2016 at the Bogu International Investment Forum he was hosting. I soon realized that he is a respected master of stock market forecasting with a huge following across China and beyond. He has trained thousands from well-known institutions and universities in the art of market analysis. Using the techniques explained in this book, he has predicted the turning points in the Shanghai Composite index with precision.

The theory in this book was found for the first time on China's Stock Market, so is important for all who trade and invest in the market. It's about Mr. Sun's Model Theory. As I started to read, I became more and more intrigued by the concept. I am a technical analyst, so I believe in the power of charts, but Model Theory has opened my eyes because it uses mathematical formulas and logical rules to make forecasts.

Whereas most theories are either quantitative or qualitative, Model Theory makes its forecasts using both

异级同构模型

quantitative analysis of historical data based on mathematical formulas, as well as qualitative analysis based on patterns. It is what Mr. Sun calls the prediction of time and space. There is no vagueness in the Model Theory, it predicts highs and lows with mathematical precision.

But I am being simplistic about this groundbreaking subject. The only way you are going learn more and profit from Model Theory is to turn the page and start reading this fascinating book. You won't regret it.

我第一次见到孙先生是在2016年6月,在他举办的博股国际投资论坛现场。我很快意识到,他是一位受人尊敬的股市预测派大师,在中国甚至海外有着数量庞大的追随者。他在知名机构以及大学里给上万人培训过市场分析的艺术,同时他用这本书中阐述的技术知识,精准预测了上证指数的转折点。

这本书中所阐述的关于中国股市的理论,我还是第一次看到,所以模型理论对那些在市场中交易和投资的人们来说是意义重大的。当我刚开始阅读孙先生的《模型理论》时,对他书中概念的兴趣不断加深。我是技术分析者,所以我相信图表的力量,但是《模型理论》开阔了我的视野,原因在于它是使用数学公式和逻辑规则进行预测的。

现有的大多数理论是定量或者定性的,而《模型理论》做出的所有预测,既有对基于数学公式的历史数据做定量分析,也有基于图形形态的定性分析——孙先生称之为时空预测。《模型理论》中没有含糊其词的表述,有的都是高低点的精准测算。

但我只是简单描述了这个开创性的课题。如果你想了解更多,或者想从《模型理论》中获利,唯一的途径就是翻开它,开始阅读这本很棒的书。选它,你不会后悔。

推荐序 3

拉瑞·威廉姆斯

> 拉瑞·威廉姆斯是威廉指标（W&R）的创始人，也是当今美国著名的期货交易员、作家、专栏编辑和资产管理经纪人。他曾获得罗宾斯杯期货交易冠军赛的总冠军——在不到 12 个月的时间里使 1 万美金变成了 110 万美金。拉瑞·威廉姆斯就职于美国国家期货协会理事会，并曾在蒙大拿州两次竞选国会议员。在过去的 25 年里，他是始终被公众追随的优秀投资顾问之一，曾多次被《巴伦斯》《华尔街日报》《福布斯》《财富》专访。著有《未来的繁荣时光》《短线交易秘诀》等书籍。

Here's a book with a new and unique slant on how to become a successful trader. My friend Mr. Sun will open your mind to new thoughts, cement old ones and help you become a better trader. Some books we just skim through；this one you want is to be read.

这本书以全新而独特的视角，告诉你如何成为一名成功的交易者，我的好友孙先生将使你开阔思维，展开新思想，巩固旧知识，帮助你成为更优秀的交易者。有些书涉猎即可，而此书将让你百看不厌。

别着急！先看序，再学习

孙国生

当您即将阅读本书的时候，我强烈建议您先看完了我的序再开始，否则就像系扣子，一开始就错了，而你还坚持到最后才发现。实际上读一本书更是这样，不要在好奇心的驱使下"鲸吞"这本书，看完才发现不是你的菜，鞋不合脚。鞋合不合脚需要知道鞋的结构和尺码，人和人之间的区别往往是认知的不同，人们虽然喜新厌故、喜慧厌拙，但对于未知的事物还是过于草率，根据经验和主观判断做出评价。我衷心希望此书能让你清俗肠，醒倦眼。为了高效率地阅读，先弄懂这几个问题：模型理论是什么，不是什么；模型理论能学什么，不学什么；模型理论该用什么，不用什么。

模型理论是什么，不是什么？

七年前我开始萌发写模型理论的想法，当时是苦于阅读股票书的困惑。本人虽不至嗜书如命，也是日不绝书，坚信人的智慧大都来自前人的积累，没有人是完全的独创，悟者比我多读两本书而已。在这种心理作用下，我大量阅读中外投资经典，从开始的如饮神浆聆天乐，到最后的如吃残食嚼白蜡，要么复杂到没有用，要么简单到不管用，要么大讲投资心灵鸡汤，要么全篇理念冗长，实战百困，时常抱影衔思，忽忽不知所属。最后一总结，道理全懂，方法不通。

对于一个世界观恒定的人来说，方法论是泥泞路上的踏脚

异级同构模型

石,汪洋海中的多面帆,虽遇变幻而总能过关。在这样的背景下,我决定将股市多年来的方法论摘其优、汇成集,写一些法外法、声外声、韵外韵,而这些方法里我优选的是预测方面的知识,我认为所有人的所有决策都来自对事物本身的预测,褒贬喜好、弃取存留,无不如此。投资失败不在于看不懂股市的变幻无常,而是在无常发生时,错误决策,当然更多的时候是不决策,导致不能跟踪趋势发展。错误决策和不决策都是源于对未来预测的失误,所以我把预测放在首位。我认为股市投资逻辑是分析→预测→决策→交易,因此模型理论是在投资者已经具备技术分析轮廓基础上学习的。当然,预测比分析难得多,分析是对历史的总结,预测是对未来的判断,总结自然要比判断简单一些。

综上所述,可以回答模型理论是什么、不是什么了。

模型理论是什么?

模型理论是时空预测的方法集,是数形分析的逻辑式,是量化交易的基础库。

模型理论不是什么?

模型理论不是分析工具,不是奇技淫巧,不是传统技术。

模型理论能学什么,不学什么?

在模型理论上一次出版后,反馈的评价不一。有的人觉得作者顾盼伟然,技冠群书;有的人觉得微于缕黍,空洞玄虚;有的人阅后认为是丽典新声,采知获秘;有的人阅后顿感獭祭诗书充著作;有的人学后雷转霆鞠,神鹰掣韛;有的人学后兔起鹘落,仰天笑而冠缨绝……为什么会出现这样的悬殊呢?我觉得这就是读者没有知其然,所以更不知其所以然的结果。读书不求解,如訾食不肥体。阅读不能改善交易行为,那就是尝鲜式阅读,猎奇过后反生悔意。其实，读书如品茶，一次不为佳，往往在两三泡时，才能体会茗香通窍。书籍，尤其是方法类的书籍，更是如此，一读蠲愁，再读释疑，三读去疾，没有这么三次品读，恐难得其精要。

　　模型理论是系列书籍，每一册研究的深度不同、方向不同。第一册重点讲解了台阶模型、独立波模型和四段五点模型，它们都属于空间模型，让我们知道结构背后的价格，价格背后的规律，规律背后的模型，它们一直像一只无形的手，左右着市场的走势。为了增加可读性，渲染精确率，有些案例十分完美，接近于神奇，大盘一个点不差，个股一分钱无缺，但实际过程中并非每只如此、每次如此。简单的方法都有其局限性，不可能放之四海而皆准，凡是书籍都会找典型，抓样板。你在书籍中能看到的是官渡之战、淝水之战等精彩的以少胜多案例，而大量的以多胜少则不会被作为经典口口相传，因为这是常识。股市的预测也是这样，不要因为几次的精确而震撼，也不要因为偶尔的失误而抓狂，因为接受股市就是接受不完美，股市是科学与艺术的结合，既有必然性，也有偶然性。

　　综上所述，可以回答模型理论能学什么、不能学什么了。

　　模型理论能学什么？

　　模型理论能学结构规律的公式，逻辑推理的过程，反复运算的验证。

　　模型理论不能学什么？

　　模型理论不能学不差分毫的顶底，屡战屡胜的交易，未卜先知的箴言。

模型理论该用什么，不该用什么？

　　我遇见过一些投资者学习了模型理论后，就变成了大仙，总

模型理论

异级同构模型

喜欢在人前卖弄自己的预测，总是鼓吹某次某时、某底某顶都精确地预测到了，听起来似乎每次他都能抄底卖顶，但实际上把精力都用到了预测上，自己操作得一塌糊涂；还有一些投资者用模型理论的方法做过几次漂亮的波段，就觉得天下无敌，不管趋势的方向，博取得不偿失的微利，实难称为智者。就在前几日，一位老者告诉我，只要有百分之三的波动他都会操作，还说今年都赚了3倍了，我听后说了一句话："你比我强，你这样能持续吗？"

我不希望读者学完模型理论后变得更贪婪，更不自知。模型理论是追求理性的交易，你学模型愈久愈理性，不在疯狂时欢喜，不在绝望时沮丧。要随着对模型理论的深入了解，多方求证，学积而备于前，智浚而行于捷，也就是提前准备，行动迅捷，没有提前准备就不能防患于未然，没有行动迅捷就是空学误己。

综上所述，可以回答模型理论该用什么、不该用什么了。

模型理论该用什么？

模型理论该用公式而计算，该用计算而验证，该用验证而交易。

模型理论不该用什么？

模型理论不该用来当大仙，不该用来反趋势，不该用来博微利。

最后的最后

世间之法有先易后难和先难后易，重点不是开始而是结果，先易后难的结果往往是越来越难，先难后易的结果是越来越易。模型理论就属于先难后易的方法，喜欢模型者多为重视结果者，艰难的开始，曲折的过程，都是为了美好的结果。世间没有万能药、千灵丹，只有百宝箱，一把钥匙开一把锁，一个方法解一处难，只有把百宝箱都备满了，才能应付各种跌宕起伏。模型理论不仅仅是操作模型，更多的是预测模型，当大家去学习这些预测方法的时候，一定要知道预测的三个规律，第一，预测难免失误，你必须接受这一点，预测没有那么简单，否则你就不会一直学习了，股票市场是受多重因素影响的，所以预测失误也总是会发生；第二，不是精准而是接近，预测之前可以精准，但是市场验证的时候，接近就可以了，没有人能准确无误地预测每一次涨跌，预测是推断市场的各种可能性的方法，所有的抉择都是一种预测；第三，指数预测会比个股预测要可靠一些，在股票市场个股走势更容易被操纵，而指数相对而言更稳定，无论采取哪一种预测方法，指数预测的可靠性要大于个股预测的可靠性。所谓的预测都是基于大量的数据统计和客观走势规律来的，都是一种概率游戏，随着科技的进步，这种概率也会提升，也就是"大数据"的概念，所谓的智能也不过是基于某个模型的预测，我们应该秉持着好奇和质疑的态度，不断将其完善，而不是迷信和守旧。

　　模型理论是系列书籍（现已写到第六册），每一册都有不同的市场模型，深度也是逐步加强，需要读者对各种方法灵活运用，在此过程中遇到问题，可以发邮件到模型理论解疑邮箱（moxinglilun@163.com），也可以在模型理论公众号上留言。当然，您也可以买一套相关的软件，这样可以省去大量计算的时间。详情可登录中国弘历集团官网了解（http://www.hl1998.com）。让我们以此为开端，探索股市的奥秘，见证模型的神奇。

　　最后，本书的完成要感谢我的同事孙彬，大部分手稿是由他整理编辑的；要感谢我的爱人蔡静女士，是她不断地鼓励才让我挤出时间来写书；最后的最后，要感谢所有的"模迷"们，是你们的追捧才让模型理论一版再版，谢谢你们的支持！

2017 年 2 月 27 日于北京

更多精彩内容,请关注模型理论微信公众号

序

  太阳总是东升西落，草木总是春华秋实，万事万物都有规律，对于大多数事物而言，从它诞生起，规律就会一直伴随它直到消亡。

  利用星辰的运动规律来预测未来的方法古已有之，而掌握这种方法的人，在东方被称为方士或者术士；在西方被称为占星师。事实上，东西方历史上很多时代都是有类似"钦天监[①]"的部门的，专门负责研究星辰运动的规律。通俗地讲，钦天监就是中国古代国家天文台，承担观察天象、颁布历法的重任。

  地球的自转和公转形成了日和年的循环，自古以来，人们用地球的自转和公转来计算时间（日晷的发明和应用就是典型的例子），形成了时间单位这一概念。进而以 7 日为一周，以 30 日为一月，逐渐形成了时间周期的概念，周期形成之后，很多事物的运动或者人的行为都会依照周期循环发生，这样规律就形成了。

  比如我们总是周一至周五工作，周末休息，即使你的工作规律并不是这样，也会受到这条规律的影响。很多人每逢周末会不自觉地放松，减慢生活节奏，即使这一天对他来说是工作日。大家都遵循这种规律，就会形成一种社会环境，这种环境会加深你所受到的影响，最终使大多数人都按照规律生活和工作。例如每逢周一至周五，北京的某些道路总会堵车，而周末则不会。每逢比较重要的节假日，各个城市的人流量就会增大，等等。这些规律说来简单，但作用却不小，知道了这些规律，你周一之前就知

[①] 钦天监是古代制定历法、推算节气、观察天象的官署。

异级同构模型

道会堵车，过节之前就知道人流会增大，这就是预测。俗话说：秀才不出门，便知天下事。掌握了规律，很轻易地就能预测未来会发生什么。而类似这样的规律广泛存在于世界上的每一件事物中，股市也不例外，就像道氏理论中说的那样，历史会不断重演。但是，相比于知道历史会重演，更重要的是要知道历史何时会重演，你能相信股价循环的规律居然会与星体的运行息息相关么？

在本书中，笔者会为大家重点介绍股市中周期循环的规律，以及如何使用这些规律来对股价未来的走势做出预测。

通过对股市的研究，我们可以发现，股价会随着周期的运行而循环往复，但周期循环的规律却不是千篇一律，短期预测有短周期循环的规律，长期预测有长周期循环的规律，不同的周期有不同的规律，这些规律是股市诞生之初，乃至股市诞生以前就已经形成了的，这些规律就是获利的捷径，就是股市中最大的秘密。

发现规律之后，如何应用这些规律也是一门学问，不同的规律需要有不同的应用方法，这些方法各有优劣，甚至同一规律不同的应用方法，也会有不同的效果，不同的方法适用于不同的情况。当然，一旦读者熟练掌握了这些，获利将并不复杂，甚至可以说是轻易，这就是时间周期循环的魅力，这就是预测的魅力。

本书中，笔者将为你展现它的魅力，揭开它所隐藏的一切奥秘，如果你真的学懂了书中的知识，那么，预测对你来说将不再是难题。

愚昧者成为历史，先知者成就未来。

笔者一直很认同的一句古话就是：书中自有黄金屋。 你认为呢？

目 录

第一章　知识与财富 / 1

人们常说，股市中是拿经验换财富的。

但经验的积累并非一朝一夕，在积累经验的阶段，投资者也并非毫无收获。

实际上，在股市中，能够换取财富的，除了经验，还有知识。

知识是规律的总结，规律是经验的总结。

第一节　道氏理论——最基础也最重要 / 3
第二节　直线运动与趋势 / 6
第三节　成交量与突破 / 11

第二章　股价运动的规律 / 19

股市中一切变化的本质，都是股价的运动，这种运动看似随机，却蕴含着深层次的规律，借助这些规律，可以轻易的实现利润的获取。

第一节　为什么我们的投资像是赌博一样？ / 21
第二节　需要掌握的规律 / 24
第三节　坐享其成的思路 / 29

异级同构模型

▶▶▶ 第三章　好技术不如烂笔头 / 37

生活中有一句俗语叫"好记性不如烂笔头"。
是说记性再好也不如随手记录下来牢靠。
股市中也是如此，采用的工具再先进，也不如亲手绘制一些表格能够发现市场中的真正规律。

第一节　数据是表格的内容 / 39
第二节　数据的优势 / 41

▶▶▶ 第四章　区间波动中蕴含的机会 / 53

在波动中寻找利润的技巧是每个投资者的必修课，高买低卖之间的差价蕴含着大量的机会，用于高买低卖的技巧也非常多，但真正能够稳定获利的并不多见。

第一节　波动区间初始模型 / 55
第二节　神波区域模型 / 61
第三节　初始模型的叠加 / 76

▶▶▶ 第五章　对均线的优化 / 99

均线实在是大家再熟悉不过的指标了，但是想要在市场中用好均线却并不容易，对于大多数投资者来说，引导均线和均线引导能够开拓新的思路，在市场中找到新的机会。

第一节　重新认识均线 / 101
第二节　对均线认知的"颠覆" / 104

第三节　引导均线与均线引导　／　114

▶▶▶ **第六章　形态的奥秘　／　121**

　　数与形一直是股市研究中的两个重要的方面，数与形各自有自己的性质，同时两者之间在特定的层面还可以相互转化，相互影响。

　　形态的奥秘是股市中最值得研究的课题之一。

第一节　三种形态　／　123
第二节　缺口详解　／　143

▶▶▶ **第七章　异级同构模型　／　153**

　　周期在无形中影响着股价的变化，比如牛市和熊市之间的很多关联性就是以周期的形式体现的——牛市越短熊市越长，反之，熊市越短牛市就会越长，牛市的涨幅越大，熊市的跌幅就会越小。

　　从周期的角度来看，趋势是可以被分级的，分析短期趋势时使用的数据与分析中期或者长期趋势时使用的数据都不一样，中期趋势与长期趋势亦然，反过来趋势级别的大小也可以通过周期来进行衡量。

第一节　道氏理论是基础　／　155
第二节　何谓异级同构模型　／　164
第三节　异级同构模型实战　／　171

▶▶▶ **第八章　异级同构总论　／　189**

　　股市的特性就注定了投资总会充满各种风险和未知，永远不会是一帆风顺。零和游戏的本质决定了每

异级同构模型

一次利益的获得都是博弈的结果,想要取得博弈的胜利,智慧和经验缺一不可。

大多数人投资的目的是为了获取利润,但是随着时间的推移以及对股市中规律的不断深入研究,人们往往会忘记自己的初心,沉迷于股市中纷繁复杂的规律,浩如烟海的技法,但其实,我们真正想要的仅仅是赚钱而已。

第一节　在股市中盈利的方法 ／ 191

第二节　完整的"珍珠项链" ／ 198

▶▶▶ **模型外传——河图洛书与序列九** ／ 205

▶▶▶ **后　记——阅读是一种智慧** ／ 223

第一章　知识与财富

异级同构模型

导读 ——这也许就是你不赚钱的原因

投资者研究股市,大抵的动力还是对财富的向往。

也有很多朋友跟我说,入市至今,自己研究了很多技术分析和基本分析的方法,从量价时空到财务分析,从K线组合到板块轮动,可以说常见的炒股知识基本都涉猎过。可为何还是亏钱?

有人说时间是金钱,也有人说在股市里知识等于金钱,但是很多人光顾着埋头学习,反而忽略了最重要的能力——将知识转化为财富的能力。

第一节　道氏理论——最基础也最重要

一般来说，每本书的写作思路都是由简单到复杂，似乎在用前面简单的内容来衬托后文中复杂知识的价值。但是如果要求一个作者删掉书中一部分内容的话，最终留下来的，大概都是每本书开篇中最简单的那部分内容，因为最深奥的理论由最简单的知识发展而来，正如最美丽的宝石都源自泥土中，最复杂最神奇的方法和理论都源自最基础的知识。股市中也是如此，技术分析万千技法、几多理论，最初的起源大多还是道氏理论。

那么道氏理论有着什么样的价值，值得百年来的投资者前赴后继地学习和研究，并为一代代的投资大师和财富传奇奉为经典？

我们常说，一个优秀的投资者首先要学会与趋势做朋友，不管是技术面还是基本面，了解股价运行的趋势都是头等大事，终究是顺势而为，事半功倍，逆势而行，费心劳神。

而道氏理论主要涉及的就是对于买卖时机的把握，具体来说，也就是对于趋势的研究。对于投资者来说，这无疑是最基础也是最重要的。

学习道氏理论有三大重要原因：

首先，股价的变化是由供需之间的变化决定的，而市场中所有投资者的想法和情绪最终都会影响到供需之间的平衡。那么大多数人都认可的一种行为准则或者是大多数人都遵从的一种理论，对于市场的影响是不可忽视的——在当今世界，还有什么理

异级同构模型

论是比道氏理论流传更加广泛、研究和追随者更多的呢？

股市获利的思维是要"不走寻常路"，但这样做的前提是首先要知道"寻常路"怎么走，即学习和了解大多数人的思维，才能更好地成为少数人。

其次，经受时间的考验之后被证明有效的理论自然更加可靠，道氏理论无疑属于最可靠的理论之一。

再次，道氏理论本身的价值也是无可估量的，无论是对趋势的把握还是波动的变化，道氏理论都是最基本的规律和法则，大多数深奥繁复的方法与理论都以道氏理论中的思想或者内容作为基础。

道氏理论中对于趋势的研究非常深入，其中很多的规律广为人知并为众人所掌握——因而变得难以应用于实战。

但是表象会改变，股市运行的根本规律却是不会改变的，正如日常趋势会被操纵，而长期趋势很难被操纵一样，所以这些股价运行的基础规律是非常值得投资者研究和掌握的。当然，能够了解和应用于实战仅仅是最基础的部分，能够灵活地将之加入自己的体系中，或者能够对这些规律有自己的理解，才是最重要的。

比如道氏理论中衍生的一条广为人知的规律"当股价的走势中高点之间依次抬高，同时低点之间也依次抬高时，可以确认为上涨趋势"，反之"当股价的走势中高点之间依次降低，同时低点之间也依次降低时，可以确认为下跌趋势"。

这条规律非常"著名"，其最大的价值是用来判断转折，但是在实际使用中，大多数投资者只会使用这一规律来在趋势成立后进行确认，而在判断趋势转折时这条规律却经常被人忽略，因为它在实战中存在一个相当大的缺点——如果关注的趋势级别较小，股价就会容易受到操控因而难以出现规律的高低点依次抬高或者降低的走势，而如果关注的趋势级别较大，运用这条规律判断趋势的转折又过于滞后。

但正如本节的题目所说"瑰宝源于泥土",大众从未涉及的领域固然风景独好,那些广为人知却被众人所忽略的领域中也孕育着很多可以创造财富的机会。

这条规律在用来判断转折的时候,有两个小技巧可以改良其缺点。

在研究走势时我们有时会遇到那种高点相对于前期高点抬高,但是低点却相对于前期低点降低的走势,这种走势一旦出现在趋势的转折处,就会对我们运用这条规律判断转折产生很大的影响。

解决的方法并不困难,一种是在判断趋势从下跌转为上升时,只关注高点是否依次创新高,而忽略低点的变化,反之判断趋势从上升转为下跌时,只关注低点是否依次降低,忽略高点的变化,这样一来,趋势的变化就会变得非常明显。

第二种小技巧可以用来解决这条规律判断转折的滞后性问题,实际上转折滞后性问题的主要危害是在趋势由上升转为下降时造成利润的损失,在趋势由下降转为上升时又会错过上涨初期的利润。

有一种简单的解决方法,就是降低一个观察级别,比如判断长期趋势的转折时,关注中期趋势的高低点变化,一旦中期趋势出现转折,就进行减仓或者小幅建仓操作,这样随着走势的逐渐明晰,而逐渐加大或减小仓位,可以有效地避免损失,保住利润,也就从实质上解决了判断转折滞后性的问题。

关于道氏理论中规律的一些实用的小技巧,在后文中还会有涉及,在本节的最后,提醒一下各位读者不妨研究下道氏理论中关于成交量的描述部分,也许会有意外收获——这部分内容经常会被研究者忽略,但其中却蕴含着极有价值的规律。

异级同构模型

第二节 直线运动与趋势

我们常说"横有多长,竖有多高",对横盘运动的研究由来已久,但你是否知道,对于这方面研究的鼻祖是道氏理论呢?

横盘运动是股价运动的三种情况之一(上涨、下跌与横盘),虽然横盘运动本身没有操作的价值,但却可以作为判断后市的重要依据。

但是,当前被广大投资者所熟知的横盘运动规律却并不如道氏理论中对于横盘的研究细致。

在道氏理论中把横盘的现象称之为"道氏直线运动",定义为价格的波动被限制在一个较窄的范围之内,当价格突破这一范围的时候,突破的方向,就代表着接下来趋势的方向。

从定义上不难看出,所谓的"道氏直线运动"与横盘运动之间非常的相似,当前大多数投资者缺乏对于横盘运动的认识。具体来说,对于长期的横盘运动大家都能够很容易的识别出来,但是对于小级别短期运动是否属于横盘运动,就很难做出判断了。

长久以来,投资者都是凭经验来对某一段走势是否属于横盘走势做出界定——这种方法的准确率会受到经验的影响,因而对新手并不友好,而且缺少量化的界定方式也对进一步研究横盘走势造成了阻碍。

笔者也曾试图通过统计的手段得到一个可靠的标准,来界定横盘运动,但因为数据收集的困难而进展缓慢,随着对道氏理论研究的深入,我发现道氏理论的研究者们在研究道氏直线运动的时候,已经在"从时间与空间的角度界定横盘运动"这一领域有所建树，在此基础上，我们可以得到横盘运动的最小时间与空间。

据统计与研究，界定一个横盘运动的条件是：在空间上，股价或指数的每日收盘价震荡幅度在 5% 以下；在时间上，股价或指数震荡的持续时间要在 12 个交易日以上，才可界定为横盘运动，即道氏直线运动。

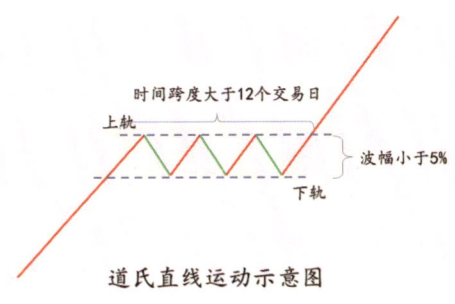

图 1.2.A　道氏直线运动示意图

如图 1.2.A 所示，图中用红色线段代表上涨走势，绿色线段代表下跌走势，可以看到，图中走势出现了一段明显的横向运动，那么这段走势是否可以界定为横盘运动呢？

首先连接横向运动中的高点形成一条直线（实际走势中只要这条直线穿过尽可能多的高点即可，不需贯穿全部高点，这对于有画趋势线经验的研究者来说应该没有难度），称为道氏直线运动的上轨，然后连接横向运动中的低点形成一条直线，称为道氏直线运动的下轨，如果上下轨之间的交易日数量超过 12 个且收盘价波动幅度小于 5%，则可以判定这段走势属于道氏直线运动。

这里需要说明的是，因为道氏理论中定义的道氏直线运动和大众投资者所理解的横盘运动还是有所差异的，前文中为了方便理解，将两者联系起来，在后文中还是以"道氏直线运动"来称呼这种走势。

突破的界定

当我们能够从个股或者大盘的走势中准确地界定出道氏直线运动之后,接下来研究者最关心的问题恐怕就是如何界定道氏直线运动的突破或者跌破了。

当股价有效突破道氏直线运动上轨或者有效跌破道氏直线运动下轨的时候,就可以对后市走势做出预期。

如下图所示。

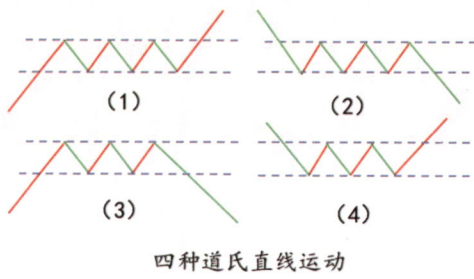

图 1.2.B　四种道氏直线运动

图 1.2.B 是道氏直线运动常见的四种情况,由图可知,不论股价或指数原来的运动趋势是上升还是下跌,最终道氏直线的方向决定了股价后市运行的方向。具体来说,就是当道氏直线运动结束之后,股价突破上轨则可以判断接下来是上涨走势,反之如果股价跌破下轨则可以判断接下来是下跌走势。

但是在实战中有一个不可忽视的问题,如果你界定突破或者跌破的标准过于灵敏,那么可能会饱受假突破或者假跌破的困扰(尤其是在小级别走势中),反过来如果你界定突破或者跌破的标准过于保守,则有可能会有较强的滞后性,很多人因而错过不少利润。

在目前来看，这一问题缺乏一个被大众广泛认同并且完备的解决方法，我也无意给大家推荐一种通用型的界定标准。

因为在与众多专业投资者的交流中我发现，在实战中，他们在面对这一问题时更倾向于打造一种更适合自己的界定标准，而非创造一种通用型的界定标准。

所以我更希望能够抛砖引玉，启发大家的思考，而非给大家一种既定的缺少灵魂的标准。下面我将给大家分享三种界定道氏直线运动被突破或者跌破的思路，大家可以根据自身的实际情况从中选择一种作为界定道氏直线运动突破或跌破的标准，也可以以这些思路为引子，打造一种全新的、适合自己的界定标准。当然如果你在此课题上有什么疑惑或者有所成果愿意与我分享的话，可以关注"模型理论"公众号给我留言（公众号的二维码在本书的最后）。

下面书归正传，三种界定突破或者跌破方式中，最简单的一种是应用范围最广的"三三突破法"，即通过"三三原则"来界定突破或者跌破的方法（三三原则，即股价或指数突破或跌破目标位的3%或者突破或跌破超过三天就可以确认为有效突破）。

这种方法的优势在于可靠性，因为经过大量投资者长时间的实践证明，三三原则还是相对可靠的，但其缺点在于广泛性，因为许多投资者在使用这种方法，所以庄家和主力往往会在小级别走势上进行针对性的做假线。

第二种方法是道氏理论研究者们比较认同的一种方法，其原则是股价或指数只要稍稍突破道氏直线运动的上轨或者跌破道氏直线运动的下轨（因为界定道氏直线运动的时空标准并不大），就要观察成交量的变化，如果在突破或者跌破的同时伴有成交量的放大，则能相对稳妥的确定是有效突破。

异级同构模型

若没有伴随成交量的明显放大，则不妨观望，等到符合三三原则或出现成交量放大再确定有效突破（当然还有一种可能是股价进行一次假突破之后回到上下轨之间继续运行）。

最后一种思路非常的具有参考意义和借鉴价值，这种思路的核心就是根据道氏直线运动的持续时间来决定突破的界定标准，简单来说，就是道氏直线运动的持续时间越长，做出突破需要的突破幅度就越大（具体的标准需要根据个股或者指数的不同进行实际测试，采取统一标准会严重影响这种方法的准确性）。

这种思路根据实际操作结果统计来看，不管股价或指数维持道氏直线运动的时间有多长，突破的标准都不宜比五五原则（其含义类比三三原则）更宽，否则太过滞后的判断会影响投资者的利益。

以上是三种判断股价或指数有效突破上轨或者跌破下轨的思路，在实战中，研究者可以选择只使用其中某个思路，也可以借鉴部分想法融入自己的操作系统中，总之黑猫白猫抓到耗子才是好猫，一切要以最终的实战效果为重。

尝试理解道氏直线运动

作为投资者而非单纯的研究者，我们也许没有必要清楚"道氏直线运动"形成的原因，但是我们如何理解道氏直线运动却会直接影响我们对市场的判断和操作的手感（虽然听起来可能有点玄幻，但所有专业的投资者都会告诉你，一个投资者对市场的感觉是非常重要的。）

所以为了建立对市场更好的感觉，以便把握市场的变化，笔者还是建议大家仔细阅读下面的内容。

道氏直线运动的这段时期，可以简单理解为不宜投资的一段时期（我们可以看到，在道氏直线运动持续的这段时间内，成交量往往是比较惨淡的），也可以理解为是代表着经济稳定的一段时期（限于指数上，如果出现在个股上，可以理解为是一种买方从强势转为弱势的偷偷出货的过程，也可以理解为是一种卖方由强势转为弱势的积累过程），这种稳定时期的结束往往代表着经济状况的变化，或者让投资者认为经济状况发生了变化（比如通过舆论与消息的引导）。

总而言之，当价格在一个狭窄的区间内波动时，成交量就成了判断股市变化的重要因素。

第三节　成交量与突破

道氏直线运动与成交量之间搭配的规律相当有趣，并且非常具有研究价值，或者我换一个说法，研究明白这些规律，将为你带来相当的价值——不过在这之前，我们需要先做一些铺垫。

道氏直线运动有一个有趣的规律是，在牛市中股价或指数突破上轨的概率较高，而在熊市中向下跌破下轨的概率较高，进一步的规律是，在牛市中道氏直线运动中最终股价或指数如果向下跌破下轨，那么这个跌破是假跌破的概率会比较高，如果是在牛市中股价或指数最终突破上轨，则出现假突破的概率会比较小；反之，在熊市中如果道氏直线运动中股价或指数突破上轨，则假突破的概率较高，如果跌破下轨则假跌破的概率较低。也就是说，道氏直线运动之后的走势更加倾向于符合当前大趋势的方向，如下图所示。

异级同构模型

	牛市	熊市
道氏直线运动中股价或者指数最终突破上轨	假突破概率低	假突破概率高
道氏直线运动中股价或者指数最终跌破下轨	假跌破概率高	假跌破概率低

图 1.3.A 道氏直线运动在不同市场中的规律

但是必须注意的是，道氏直线运动本身就可能代表着转折，一旦出现了在牛市中的有效跌破或者熊市中的有效突破，则至少意味着次级运动的展开，甚至可能代表着主要趋势的转折。

并且在牛市中如果道氏直线运动向下跌破，其下跌的力度将明显小于在熊市中出现道氏直线运动向下跌破产生的下跌力度；相应的，在牛市中如果道氏直线运动向上突破，其上涨的力度明显强于在熊市中出现道氏直线运动向上突破产生的上涨力度。

这一规律在不同级别的趋势上都很明显，但在中期趋势和长期趋势上更有价值。

道氏直线运动在不同级别上的表现及意义

很多投资者也许并不清楚，为什么道氏直线运动结束之后股价或指数突破或跌破的方向就是最终趋势的方向。

道氏理论认为，道氏直线运动体现了市场包容消化一切的能力，所以当股价或指数结束道氏直线运动的时候所呈现的方向，就是市场最终选择的方向，因为这是市场包容消化一切因素之后所得到的最终结果。

除了这些基础的规律之外，在不同级别上使用道氏直线运动所需要注意的事项也不相同，下面我们就来研究一下道氏直线运动在不同级别上的规律。

首先道氏直线运动在不同级别上的研究不能单独地拆开来进行，必须至少有两个级别一起进行研究，因为当走势形成道氏直线运动时，这段走势就不与之前的走势处于同一级别。

对于大多数投资者来说，道氏直线运动在长期走势和中期走势中表现出的规律更有价值，并且在长期走势和中期走势中的规律性也明显强于短期走势。

在研究道氏直线运动时，有一个让人头痛的问题，就是有时候我们无法判断走势在结束道氏直线运动之后是会上涨还是下跌，有时候我们守着一段呈现道氏直线运动的走势，满怀期待地期盼着一次轰轰烈烈的上涨，结果跌了，虽然不会给我们带来什么损失，但也是一件不怎么让人愉快的事情。

实际上，人们对于这个问题的研究一直都没有停止过，有一项有趣的研究显示，无论是在个股还是指数上，道氏直线运动结束后股价或指数转折的概率与股价或指数开始道氏直线运动时的角度有关。

也许研究者并不能理解所谓的"股价或指数开始道氏直线运动时的角度"是怎么一回事，我们不妨通过图片的形式来直观地表述一下，如下图所示。

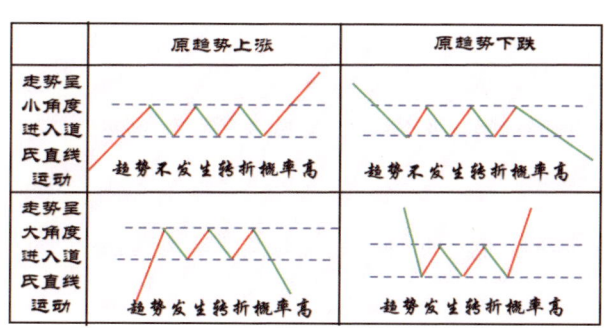

图 1.3.B　道氏直线运动转折规律表

从图中可以看到，所谓的"股价或指数开始道氏直线运动时的角度"，实际上是指股价或指数的走势与道氏直线运动上下轨之间相交形成的角度。

图中可知，当这一角度较大时，股价或指数结束道氏直线运动之后发生转折的概率比较高；而当这一角度较小时，股价或指数结束道氏直线运动之后不发生转折的概率比较高。

或者我们换一个更简单的理解方式，以上涨走势为例，当股价或指数从一段快速上涨的走势进入道氏直线运动，那么当道氏直线运动结束之后，股价或指数出现下跌的概率比较高；反之，若股价或指数从一段缓慢的上涨走势进入道氏直线运动，那么当道氏直线运动结束的时候，股价或指数继续原有走势的概率较高（此处需要注意两点，第一，快速上涨对应出现的下跌不一定是快速下跌，缓慢上涨也不一定对应缓慢下跌；第二，如果股价或指数进入道氏直线运动的时间过长——一般指超过五周以上——那么请忽视这一规律，长时间的横盘足以消除前期走势的影响）。

需要注意的是，这一规律在中期走势和长期走势中体现得较为明显，在短期走势中则几乎没有参考价值。

下面涉及的是道氏直线运动在中期走势和小级别走势中使用的注意事项。首先，第一条也是最重要的一条，除非是盯盘的投资者，否则不要考虑关注小级别走势上的道氏直线运动，因为这需要极好的技巧与灵活性。

第二是关于在小级别走势中定义道氏直线运动的，在小级别走势中不以十二个交易日作为构成道氏直线运动的时间要求，而以当前所观测级别下的十二根K线为构成道氏直线运动的时间要求，同时这也是日线以上级别判断道氏直线运动的时间要求。

关于成交量

成交量在最初的研究中被视为一种单独的指标，但是近年来更多地被用来结合其他指标来验证对走势的判断。

这无疑是随着对成交量研究逐渐深入产生的一种趋势，但是在最初道氏理论研究者们对成交量的研究文献中，有一些数据还是非常有意思的，这种以成交量作为单独一个指标来衡量趋势的方式虽然原始，但仍然有效——不过，我认为，这一规律最大的价值是鲜为人知的。

在股市中，鲜为人知往往就意味着庄家或者主力无法针对这一规律做出骗线，进而使得这种规律更加有效。

如果单纯作为一种指标，成交量的低迷和放大都有其预测意义。

在牛市中如果出现成交量的低迷，那么随后有大概率出现上涨的可能，相对应的，如果在熊市里成交量开始低迷，那么也许意味着随后的走势将会出现下跌——似乎一旦成交量低迷，股价或指数就会沿着当前的大趋势继续运行。

成交量的放大往往意味着剧烈的价格变化，这往往体现出买方或者卖方被强烈的刺激到了。

与成交量的低迷相比，成交量放大可能代表的含义非常之多，难以简单地界定之后会出现什么样的走势变化，恐怕这也是成交量如今变成一种用来验证的指标的原因。

以上两条规律可以用来结合道氏直线运动，当股价进入道氏直线运动的时候，观察成交量的变化往往能够为研究者提供更多的信息。

成交量的变化结合道氏直线运动出现的位置也能够在实战中发挥不小的作用，通常来说，牛市会以成交量的大幅放量为终结，

模型理论 6

异级同构模型

而熊市却会随着成交量小幅放量而结束，所以在熊市或者牛市的次级运动中，如果出现道氏直线运动但伴随着成交量的低迷，就需要研究者格外关注，也许伴随着小幅放量的突破就是一轮上涨的起点。

以上只是成交量的研究中与道氏直线运动相关的部分，更多对于成交量的研究在后文中会有深入的阐述。

股海拾贝

对于国内投资者来说，可以获利的趋势大体分为两种，一种是正在上升的，一种是横盘之后会上升的，这两者的区别是正在上升的走势有较强的持续性，而横盘之后上升的走势则会有相当的爆发性，也就是会更容易出现暴涨。

两者除了各有优势之外，也各有缺点。对于正在上涨的走势来说，无论你何时买入都已经错过了部分利润（因为确认走势正在上涨，必然是已经上涨了一段时间之后），而对于横盘之后会上涨的走势来说，你无法确定它会横盘多长时间，如果你过早地让自己的资金介入的话，就会在横盘走势中消耗大量的时间成本。

本章中所涉及的内容如果研究者能够掌握的话，就能够解决横盘时间不确定的问题，更好地获得暴涨的利润，并且横盘之后再上涨的走势如果把握得好可以从起涨点买入，不错过分毫利益。

理论很复杂，但最终落实于实际的操作中却非常的简单，所谓大道至简就是如此，好用的方法不一定很复杂，复杂的理论研究最终诞生的都是简单实用的方法。

观察走势，如果连续十二个交易日以上收盘价波动幅度小于5%，就可以判断走势处于窄幅震荡状态，之后一旦走势出现有效突破或者有效跌破（关于有效突破或者跌破的方法请参考本章第二节中的三种思路）就可以进行做多或者做空获取利润（由于国内没有做空机制，所以专注国内股市的投资者可以不考虑做空的部分）。

以上是本章中最后一个需要强调的知识点，或者是这片知识海洋中的最后一片"贝壳"，接下来请大家将在本章中捡到的每一枚"贝壳"都放到下面的空格里，最好附加上自己的感悟，所谓股海拾贝，书籍只能提供给大家一片海，最终能够捡到多少"贝壳"，能有多少收获，还是取决于读者自身。

本章中涉及的关键点共有八个，你能找齐这八个"贝壳"么？

我的"贝壳"陈列馆：
1. 学习道氏理论的三条原因
2. 判断趋势方法的两种改良小技巧
3. 道氏直线运动的界定
4. 界定突破的三种思路
5. 对道氏直线运动的理解
6. 道氏直线运动与牛熊市
7. 道氏直线运动与成交量
8. 道氏直线运动在不同级别上的表现

扫码观看《模型理论》讲解视频
解决学习、应用模型理论中的一系列问题

第二章 股价运动的规律

异级同构模型

导读——让我们回顾一把直尺打天下的时代

培根曾说过:"读史使人明智。"

当开始研究一种理论或者方法的时候,我总喜欢追溯它们的前生今世,因为那些埋藏在故纸堆里,被今人弃之如敝屣,也许是曾经闪耀一整个时代的珍宝。

在技术分析刚刚兴起的时期,股市里流传着"一把直尺打天下"的谚语,那是人们第一次正视股价自身运动的规律。

第一节　为什么我们的投资像是赌博一样？

相信入市时间较久的投资者都思考过一个问题："为何我们炒股就像赌博一样？"

赌博的特点是什么？惊心动魄（当然，对大多数人来说这意味着巨大的心理压力，恐惧往往伴随着你），小赚大赔、少赚多赔（虽然你会对自己的每一次盈利记忆犹新，但是最终回过头来你发现自己亏损得很厉害），情绪激动（这意味着大多数决定都是不理智的、受贪婪支配的），甚至最终你会自暴自弃，孤注一掷，逃避现实或者怨天尤人。

总之对于大多数人来说，股市就像是赌场一样，满怀希望和憧憬而来，在贪婪和狂热中不断损失筹码，最终在恐惧与悔恨中黯然退场。

但我们都知道，正确的炒股方式并非如此，我们也见过从股市中稳定获利的成功投资者，也听说过在股市中创造传奇的投资大咖，在他们眼里，股市更像是一份稳定而报酬优厚的工作，甚至是提款机——但为什么同样一个股市，于我们就是赌场，于他们就是提款机呢？

炒股炒成赌博之所以是大多数人的悲剧，就是因为这其中的原因来自人性的弱点，人们喜欢把自己辛辛苦苦赚到的资金投入到风险性远远大于普通行业的股市中，而完全不顾你在股市中所掌握的知识和经验远远少于在你原本赖以谋生的领域中所掌握的知识和经验——这与对赌场中的规矩一无所知的新手，揣着筹码

异级同构模型

走进赌场有什么区别?

所以如果你觉得自己买进卖出时候的手感和在赌桌上掷骰子一样的话,就说明你该加深对股市的研究和学习了。

人性中第二个普遍性的弱点是喜欢把因为自己盲从造成的损失归结于坏运气。

我常听到有人抱怨:"真不知道那些资金几百几千万的庄家为什么盯着我这资金只有两三万的小散不放?我一买进就下跌,一卖出就上涨。"更有人谑称自己"用两三千块撬动了整个大盘",俨然一副"时运不济,命途多舛"的英雄气短,就差吼一嗓子:"此天亡我,非战之罪也"!

但其实,问题的根源不在于你运气不好,更不是因为庄家主力刻意针对你,而在于你的行为模式和大多数散户相同——都是盲从。

其实庄家的行为模式很简单,也从没改变过。就像捞网捕鱼一样,庄家总是往水里撒一把香饵(也就是股价的上涨),吸引来大批的鱼群(各类投资者),最后在鱼群最密集的地方撒下渔网,实际上不是庄家死盯着你这条小鱼,而是你这条小鱼死死地跟着最大的鱼群一起游动,这一网下去,你不中招谁中招?

所以炒股,一定要走自己的路,想要走自己的路,你首先要有自己的路,不管是技术分析还是基本分析,你要有自己的行为模式,而非盲目跟随大众的行为模式,否则你的筹码永远是庄家和主力的盘中餐。

炒股的目的都是为了赚钱,但赚钱的方法千千万,投资者首先要想明白,自己要走哪条路,哪条路适合自己,最重要的是还要思考如何"不走寻常路",简而言之,在股市中你既要有一个可靠的行为准则,还要避免自己的准则与大多数人的行为方式重复。有准则才不会胡乱操作,把投资搞成赌博,不与大多数人相同才不会成为主力收割的目标。

想要做到这一点,除了冷静的思考之外还需要细致的观察——掌握更多的规律,才有更多的选择,这就是我们要研究股价运动规律的原因。

买卖的本质

股市很复杂,许许多多的因素都会影响股价的变化,这些因素之间还会互相影响,简直就像一台庞大而精密的仪器,你永远不知道哪个齿轮的转动会最终影响结果。

股市很简单,简单到获利赚钱就只需要两个步骤,买和卖。

股市中买与卖的本质是一个相当复杂的课题,在本章中我们仅仅涉及的是技术分析中对于买卖本质的研究。

技术分析本质上是对股市中股价因为供求关系的变化所导致的趋势不断重现的现象中规律的研究。有点拗口,但实际上技术分析只是为了解决两个问题——操作的时机和操作的标的。

简单来理解就是选股和买卖点的选择,因为选中一只好股票会极大地降低投资者获利的难度,毕竟在涨幅50%的走势上获利远比在涨幅5%的走势上获利容易。而更低的买点和更高的卖点可以扩大你一次操作之中获利的空间。

当然这只是狭义的理解。

实际上操作的时机可不仅仅代表着买卖点的选择,对于趋势的研判也在其中,作为一个股票炒手而不是赌徒,必须要时刻知道现在的行情是处在上升趋势还是下降趋势——每当你对趋势的方向感到迷惑时,往往就意味着你要面临亏损了。

合格的研究者必须保证自己的操作是处在有利趋势下的,例如在上升趋势中做多,在下跌趋势中做空。

甚至对于趋势反转的判断也包括在操作的时机之中,因为每

异级同构模型

次趋势的转折都将带来机会与风险。一般来说夜晚的悬崖顶上是最寒冷的地方，但同样也是黎明时分第一缕阳光首先眷顾的地方。转折的级别越大，所带来的风险与机遇也就越大，抄了熊市的底你就站在了牛角尖上，股市终究是一个富贵险中求的地方。

对于操作时机的研究更应该选择一些复杂但具有代表性的样本——比如上证或者深证的大盘指数，这样得出的结论才会更具有代表性和普适性，当然你也可以通过研究某一只个股的走势，来把握一些只在这只个股中有价值的规律。

判断趋势的方向，把握趋势的拐点甚至买卖点的选择都属于操作时机的研究范畴。

操作的目标你既可以简单地理解为选股，也可以理解为一种在整体（大盘）中挑选合适个体（个股）的思维，这种思维既可以通过比较来实现（包括大盘与个股的比较以及个股之间的比较），也可以通过某种形态来实现（比如通过形态来选股的方法）。

第二节 需要掌握的规律

接下来让我们进入正题，对于股市运动的研究是一个相当古老的课题，以前的工具是直尺，现在的工具是规律，而规律的最终体现就是指标，指标的最终目的是盈利。

自从技术分析研究者们放下直尺之后，技术分析的辅助工具就开始高速发展，功能也越发的强大和复杂，但归根结底，无论工具多么精致，本质上还是对于规律的运用，所以在升级工具的同时，研究者们也要注重对于规律的研究和掌握。

关于规律与利润的话题，让我们从长期趋势中的规律开始吧。

对于牛熊市中股价运动规律的研究

牛熊市之间的规律类似于阴与阳之间的规律，阴盛则阳衰，阳盛则阴衰。

通过历年大盘走势与持续时间的统计，我们发现，相邻的一轮牛熊市之间存在着一个有趣的规律——牛短熊长与牛长熊短。

具体来说，就是当一轮牛市持续的时间明显超出国内市场中牛市的平均持续时间之后，接下来的一轮熊市的持续时间则倾向于比国内市场中熊市的平均持续时间短，反之，熊市长则牛市就会变短。

在后续的研究中，我统计了美国市场中牛熊市的运行规律，也得到了相同的结论（这里需要注意的一点是，一轮牛熊市的持续时间平均值会随着十数年以上级别的时间推移而出现缓慢变化，尽管这一过程并不明显，但仍需研究者注意）。

除了简单的牛熊市持续时间规律之外，股价在牛熊市中的运动还具有相当多的规律。

比如通过数据统计我们发现，在牛市中，主要运动上涨一定的空间所用的时间明显大于次级运动下跌同样的空间所用的时间。同样，在熊市中，主要运动下跌一定的空间所用的时间也明显大于次级运动上涨同样的空间所用的时间。

那么我们可以得出结论，通常情况下次级运动的运行速度要快于主要运动，这一规律对于研判趋势是转折还是延续有非常重要的参考价值。

这属于普遍的时间规律，但是不够具体，如果能够精确到数值，这种时间上的规律能够发挥更大的价值。

如果统计足够多的数据，你会发现，在牛市中，大盘中期

异级同构模型

头部的形成平均需要 40 个交易日，形成时间的波动区域一般为 15～80 个交易日，而与之相对应的中期底部的形成时间平均只需要 20 个交易日，形成时间的波动区域一般为 15～40 个交易日。从均值上来看，牛市中中期顶部的形成时间大约是底部的两倍。

很多研究者可能不理解这条规律的意义，我只需解释一个点，相信大家就会明白这一规律的价值了，中期顶部的形成时间等于中期顶部的持续时间，中期底部亦然。

也就是说，牛市中中期顶部的持续时间大约是底部的两倍，反过来中期底部的持续时间约为中期顶部持续时间的 1/2，这一规律在大盘与个股上基本是通用的（只是比例通用，前文中涉及的持续时间是大盘的数据）。所以在牛市中，我们可以通过这一规律在前期形成中期顶部或者底部的基础上估算中期顶部与底部的持续时间，熟练运用这条股价运动的规律，那么次级运动将成为你获利的绝佳助力。

有趣的是，在熊市中也有类似的规律，通过数据统计，在熊市中，大盘中期顶部的持续时间平均为 24 个交易日，形成时间的波动区域一般为 10～40 个交易日。相对的，中期底部的形成时间平均只需要 23 个交易日，形成时间的波动区域一般为 10～60 个交易日（虽然平均值为 23 个交易日，但是多数情况下数值其实更接近波动区域的最小值 10 个交易日）。

可以看到，在熊市中中期顶部的持续时间也大约是底部的两倍（此处中期底部按照平均持续 10 个交易日计算）。

需要格外强调的是，这一比例并非绝对，只是股价运动有着这样的倾向，如果不能灵活使用，只会生搬硬套的话，这一规律对研究者来说有害无益。

以上更多的是一种轮廓性的规律，缺乏具体而明确的点位参考，用于验证判断或者大体推测走势变化，但是用来指导操作的话，风险会偏大，实际上关于牛市与熊市中中期走势的规律，可以用于指导操作的也有不少。

比如有一条规律就可以直接用于把握买入的时机：通过对走势的观察，我们发现，牛市或者熊市中如果出现中期下跌（对于"熊市中的中期下跌"这一概念，也许有些读者会觉得难以理解，在这里有必要做一解释，所谓"熊市中的中期下跌"是指熊市中两个连续的次级运动之间的走势，即两次反弹之间的下跌走势），当中期下跌进行了一段时间之后，如果成交量出现明显的萎缩，一般来说代表着洗盘（牛市中）的结束或者次级运动（熊市中）准备就绪，如果此时成交量增大到前一个上涨波段（关于这个上涨波段的定义，研究者可以反向参考"熊市中的中期下跌"这一定义的内容进行理解）成交量最高值的1/3到1/2之间，随后股价结束下跌，同时伴有成交量的再次萎缩，则此时是一个绝佳的买入时机。

根据大多数成熟投资者的习惯，在买入的同时，要确定止损位，按照这一方法买入的止损位在前一个小波段的最低点，当股价或指数并没有如期出现上涨时，则根据止损位果断止损（在熊市中，有可能会出现买入点低于止损位的情况，此时不建议买入，如果买入的话要以买入当天最低价作为止损位）。

经过实战测试，这一规律在实战中的表现相当可靠，拥有大约80%的准确率，即使在剩下的20%失败的案例中，股价或指数也几乎不存在大幅下跌，做好止损，几乎没有风险（此处的风险是指预期之外的亏损，因判断失误后止损造成的小额亏损不在此列）。

在实战中使用这种思路进行操作的要点在于以下几点：

第一，要有足够的耐心等到下跌的形成；

第二，要观察当前所有已制定的条件（如成交量的变化和走

势当前的趋势等）；

第三，不管是买入还是止损都要果断，切忌犹豫；

第四，根据测试，在获得10%～20%左右的利润之后就要脚底抹油及时离场，切忌贪恋；

第五，最好在股性活跃，并且熟知股性的个股上尝试此种方法。

众人熟知的方法必有众人不知的诀窍

在股市中，有一个广为人知的规律是当股价突破前一高点时为买入时机，当股价跌破前一低点时为卖出时机。

当然因为广为人知，所以这条规律的准确率并不高，相信不少研究者就是在运用这种规律时第一次见识到了假突破和假跌破的威力。

想要回避这种主力的小花招其实也不难，只要注意下面的五点就可以了：

第一，确认有效突破时至少要突破前一个高点一个点以上（适用于大盘），不足一个点的突破不予考虑；

第二，在突破前一至三个交易日中，有一个快速的短期运动（如果是突破，就是上涨；如果是跌破，就是下跌），运动速度越快，真实突破的概率越高；

第三，突破时要伴有成交量的放大；

第四，强势的突破在突破之后会有一个回调，若这一回调的低点高于前一高点，则真实突破的概率较高；若是跌破，则在跌破之后的反弹高点如果低于前一低点，则此次跌破为真跌破的概率较高；

第五，在突破或者跌破之前一至三周（具体指五至十二个交易日左右）的走势方向，若与当前趋势相同，则真实突破的概率较高。

以上五点是识别突破或跌破真实性的方法，它们也许能让你获利，但是作为投资者，下面这一条对你来说是最重要的，因为它能保证你生存。

第六，股市中没有百分之百，不管你多有把握，在你买入的同时一定要设置好止损位。

第三节　坐享其成的思路

技术分析对两种人有价值，一种是乐于且善于研究和发现规律的人，这种属于少数派，而另一种喜欢坐享其成的人则属于多数派。

你也许会说："对啊，我就是坐享其成的那一种啊，技术分析应该对我有价值啊，为什么我还是亏钱？是不是只有研究者才能赚钱？"

坐享其成本身并不是问题，所有的进步都是站在前人的基础上，所有的新技术都源自老技术的铺垫，每个人都是坐享其成的，关键是，坐享其成可不是把别人的东西拿过来就万事大吉了，真正的投资者要学会如何坐享其成。

坐享其成要会区分哪些是对自己有用的，不能眉毛胡子一把抓，我见过太多"饱读之士"在股市中赔光家底的惨剧了。并且坐享其成还要能够灵活地运用自己学到的知识，这就好像作为一个司机，你可以不会制造汽车，但是一定要研究明白汽车是怎么开的，交通规则又是什么样的，如果只是把别人造好的汽车直接拿过来，驾驶技术都不研究，甚至不找个僻静的地方

异级同构模型

试试手感,坐上去就是一脚油门的话,那"马路杀手"的称号就非你莫属了。

所以接下来的内容,让我们去坐享其成吧!

多角度全景观测法

正如学习驾驶,首先要了解交通规则一样,炒股首先要了解市场运行的规律。同时坐享其成——也就是拿来主义的最初级方式,就是直接使用市场中的数据。

基于以上两个原因,在本节中我们研究的第一个课题就是"全景观测法"。

所谓全景观测法,就是通过观测个股或者指数的数据变化,了解整个市场的运行规律,这类似于通过研究某一地区驾驶员的行驶规律来推测该地区的交通规则,毕竟在股市中是没有人为我们提供明文条款的"交通规则"的——尽管如此,当你"违章"时,罚款可一分都不会少。

对市场数据的研究是建立"股感"的最佳方式,我们通过每日价格的涨跌幅可以知道波幅的宽窄,开盘价与收盘价的差值可以让我们知道当日的涨跌,成交量的缩放体现当日市场交投是否活跃……研究这些数据,当你开始熟悉它们,你就可以拥有一种近似直觉的判断力,快速而准确地发现机会或者风险——我们称这种凭借对个股的熟悉和直觉作战的投资者为"数据党"。

这种思路一直被人用在个股上,很少有人意识到同样的思路应用于整个市场对研究者来说有多么重大的意义。

当这一想法产生的时候,多角度全景观测法就诞生了。

在不借助计算机进行大数据计算的前提下,想要通过数据对整个市场进行观测,选择哪些数据就很重要,换句说话,对于全景观测法来说,观测的角度是非常重要的。

在观测的角度这一问题上，我建议研究者可以从以下八个方面入手：

1．当前市场中股票总数，这一数据将会成为统计平均数据时的分母，股票的总数会一直变化，建议将停牌的股票排除在这个数据之外；

2．目前处于上涨趋势的股票数量，这一数据与股票总数的比值将帮助你更好地判断当前市场的总体趋势，同时你可以通过锁定上涨股票之间的共性发现当前的领涨板块；

3．目前处于下跌趋势的股票数量，用法同上；

4．股价处于横盘震荡趋势的股票数量，当你发现这一数据在股票总数中占比较大时，仔细研究当前市场，市场整体呈现牛皮市或许很让人讨厌，但是在个股走势上出现横盘也许就意味着暴涨的机会（请参考第一章中的内容）；

5．目前股价创出新高的股票数量，这一数据将影响研究者对市场趋势的判断，前文中提到，高点的连续抬高可以判断上涨趋势的延续；

6．目前股价创出新低的股票数量，用法同上；

7．当前市场的总成交量，无论何时研究市场忽视成交量这一因素都是不明智的，虽然成交量只有活跃和低迷两种状态，也只会给我们提供放量和缩量两种信息，但是这个反馈市场交易量的数据是研究者做出最终判断的重要参考；

8．15只最活跃的股票的成交量与总成交量之比（判断股性活跃的方法有很多，模型系列书籍第五本第八章的第一节中有详细的阐述，同时在第七本中主要介绍的模型也涉及这一方面），如果你选不出15只最活跃的股票，就在自己关注的板块中用一到三只最活跃的股票与板块的总成交量进行比较。

对于研究者来说，这些数据并不难得到，网络或者炒股软件

异级同构模型

上都会提供，（如果发现两个比较权威的数据供应处提供的数据稍有差距，无须在意，少量的数据差值不会影响最终判断结果，况且散户投资者的劣势之一，就是难以获得准确的数据。）拿来就用即可，观测的数据好找，但是全景观测法在实际使用中还是有一些诀窍和注意事项的。

首先，要注意的一点就是不要沉溺于研究数据之间的相关性，也许在使用全景观测法的时候，你会发现你所关注的两项或者更多项数据之间，存在着明显而强烈的相关性，但是这种相关性表现得会比较模糊，犹如笼罩着一层迷雾，不像是数学公式一般严谨（比如成交量变化与趋势的转折之间的相关性），研究者往往会想要研究明白，如何能够使这种相关性变得具体而可见，它能够为我们带来什么样的结论，或者如何利用这种相关性带来利润。

经验告诉我们，除非你真的决心从中找出一条前人从未走过的路，否则最好不要沉溺于研究数据之间的这种相关性，因为这很可能会让你在消耗了大量的时间和精力之后仍然一无所获。

其次，全景观测法的具体应用方式需要"私人定制"，这取决于你的观测角度（即前文中提到的八个方面）以及关注的板块等，你可以用它培养你对整体市场的直觉，也可以从中开发自己专属的预测方法（推荐开发用于预测中期转折的方法），但一定要记住，不管是股感的培养还是方法的开发，都需要时间，操之过急只会让你不断亏损。所以当缺乏投资机会的时候，别忙着伤心或者逃避股市，好好完善自己的投资方法，培养对市场的感觉吧——如果你还想卷土重来的话。

以上是对最简单、最容易获得的市场数据的"坐享其成"思路，如果你不是一个"数据党"的话，也许可以考虑直接把别人开发出来的方法拿来研究，方法可以相似，但使用的方法一定要适合自己。

不连贯的市场运动——缺口

因为本章研究的是市场的运动规律，所以下面我们就以一种根据运动规律判断市场的方法为例，开展接下来的探讨。

一般来说，市场的运动都是连贯的，我们可以在K线图上看到股价连续的上涨或者下跌，形成的走势连成了一条线，但是，当市场中的供求关系出现短期的急剧变化，就可能会导致股价的剧烈运动，从而"扯断"股价的走势，出现一些缺口。

这些缺口非常具有研究意义，因为并不是本节要研究的重点，所以只简略涉及，在后文中会有详细的论述，本节中我们主要研究如何更好地用"拿来主义"使用这些方法。

虽然我认为跳空缺口的定义不需要赘述，但为了严谨起见，还是简要地说明一下：

跳空缺口有两种，一种是向上的缺口，即某日最低价高于前一交易日最高价；相应的，向下的缺口是指某日最高价低于前一交易日最低价的走势。

我们从缺口最简单最基础的用法开始"拿"吧！

缺口根据出现的位置不同，其代表的含义也不同，一般来说，缺口分为三种：分别是突破缺口、量度缺口和终结缺口。

在一个完整的中期趋势中，这三种缺口可能出现的先后顺序是突破缺口→量度缺口→终结缺口。

对于缺口的规律，如果研究者只是拿来就用的话，在实战中就会发现这种规律毫无价值，因为会出现很多不符合规律的缺口（需要注意，请排除加权和除权的影响）。

所以作为一个聪明的坐享其成者，我们不必费力去在股市中寻找这种规律，但是一定要在前人发现的规律基础上开发出自己的用法。

比如，缺口的规律在活跃的个股走势中体现得较为明显，所

异级同构模型

以坐享其成的研究者在使用这种方法的时候应排除不活跃股票。

又比如，突破缺口和终结缺口的出现往往伴随着股价的转折形态，结合形态一起研究，得出的判断会更准确（常见的与缺口一同出现的转折形态包括三角形态和岛形反转等）。

规律很简单，数据很容易获得，但坐享其成的智慧却是很多在股市中挣扎的投资者所缺失的。

希望通过本章的学习，能够让大家学会正确的坐享其成方式，做一个聪明的偷懒人。

股海拾贝

对运动的研究是本章的核心，但我更希望研究者能够通过本章中的内容学到知识以外的东西，比如研究股价运动的思路，或者最后一节中对于"拿来主义"的运用方法。

很多时候一本书向读者传达的并不是那些浮于表面的知识和方法，更重要的是理念、思路甚至是思维方式。

所以笛卡尔说："读一本好书，就是在和许多高尚的人谈话。"其实书中最精髓的部分往往体现在一些容易被忽略的地方，会读书的人能够把它们找出来。

就像我在第一章中说的，每一章中的内容实际上都是一片知识的湖泊，里面有许许多多的贝壳，有些在岸边，抬眼可见，而有些在湖底，需要潜下去仔细寻找才能拿到。

本章中涉及的知识点较多，其中比较关键的知识点共有七个，我在陈列馆中列举其中三个，剩下的各位读者不妨自己找找看。

我的"贝壳"陈列馆：

1. 研究规律的原因
2. 操作的时机与操作的标的
3. 牛熊市中的运动规律

第二章　股价运动的规律

扫码观看《模型理论》讲解视频
解决学习、应用模型理论中的一系列问题

第三章　好技术不如烂笔头

异级同构模型

导读——笔杆子里面出利润

毛泽东主席有一句很有名的话"枪杆子里面出政权"。很多人忽略了这一点,导致不停地失败。

而我认为,在股市中,每一个人都不应该忽略的一句话是"笔杆子里出利润"。

随着科学技术的发展,人们研究股市的工具越来越先进,对数据的统计也越来越容易,很多投资者甚至投资十多年都没有做过一张数据表格。

因为要写书的缘故,所以我经常会亲手绘制一些表格,它们经常给我新的灵感。

有时候我会反思,当前的研究者对于"笔杆子"的不重视是不是正确的?

第一节　数据是表格的内容

众所周知，技术分析的研究是建立在对股价趋势进行观察的基础上的，最初这种观察的手段，就是各种图表。

而用于填充图表的就是各种数据，可以说，数据是图表的基础。实际上在第二章中关于全景观测法的论述部分中已经涉及关于数据的内容了。

现在的股票分析工具把数据直接以走势图（比如蜡烛图或者点线图）的形式展现在我们面前（有些数据比如成交量等是以柱状图展现的），在这一过程中，图表被作为中间过程而忽略了。

但实际上在技术分析领域中，对整理好的数据一般会采用两种体现形式，一种是将基础的数据列成表格，而另一种是通过技术图形（既包括体现高开低收四个价位的蜡烛图或者圈叉图，也包括体现成交量等数值变化的柱状图或者线状图）来使数据直观可视化。

也许你会担心对图表的研究需要涉及几十甚至几百个类别的数据——大可不必担心，在对图表的研究中涉及的数据种类并不多。

一般来说，在主流的图表分析中，需要搜集的数据大体分为三类，分别是价格、时间和成交量（因为价格的变化在一定程度上可以体现空间这一要素，所以实际上这三类数据已经包含了技术分析的四大要素）。

每一个类别下数据还可以细分，比如价格这一类别中，根据

异级同构模型

研究者所关注的走势级别不同,制作图表时选用的数据也不相同,比如间隔20分钟取一次价格(此处的取一次价格并非指当时的成交价格,而是指这20分钟之内的起始价格、最终价格、最高价格和最低价格四个数据,也就是绘制20分钟分式蜡烛图所需的数据),得到的数据就可以做成走势图或者列成表格用于研究分时级别的市场运动。而取整个交易日的价格制成的图表则用于研究日线级别的运动规律,同理取一周、一个月或者一年的价格制作图表的话则可以用于研究更长期的运动规律。

当然根据你最终绘制的图表不同(图表包括图形与表格,图形更加直观,表格更加数据化,在研究股市时由表到图能够更容易发现其中的规律),所需的价格数据也会有差别,此处所说的细分,更多的是指选取价格数据的时间级别上的差别。

第二个类别的数据是成交量,一般来说,成交量数据的选取与价格数据选取是一一对应的,即所选取的是某一段价格或者某一个价格所对应的成交量。

最后一个类别是时间,在对股市规律的研究中,时间对于价格或者成交量来说重要性都是毋庸置疑的,时间这一数据的选取一般涉及两个方面——时间点和持续时间,时间点是指某种变化或者某个价格或成交量所对应的时间,而持续时间一般是用来衡量某一个变化或者某一段走势所持续的时间,对时间因素的研究,往往会发现一些有趣的规律。

在这些数据中,最理想的研究标的是平均指数,因为它反映了市场整体的状态和规律,无论是对于价格运动的研究还是市场趋势的研判,都离不开平均指数——然而你真的了解平均指数么?

有些研究者把平均指数简单地理解为"上证指数"或者"深证成指"抑或者两者之和——这是典型的外行思维,实际上平均指数的编制方式就有三种之多。

其中最简单的一种就是加和指数，顾名思义，加和指数就是把研究者想要研究的数据（限于可以累加，并且累加之后有意义的数据，例如股票价格，成交量等）简单地加在一起得到的总数——它们通常都很大，所以应用范围并不广泛。

第二种指数的编制方法被称为真实平均指数，其含义是某一个范围之内的股票的某一项数据之和除以范围内股票的总数所得到的值，例如某个板块中当前股价的均值。

最后一种应用最广泛的编制方法被称为"指数"，其含义是通过某种因素对股市中的平均值进行校正而得到的值，这种因素可能是简单的乘、除或者累加，也可能是加权等。

不论是在大盘还是个股上，研究所需的数据收集都并不困难，但使它们有机的结合从而方便研究者发现规律或者在操作时发现投资的机会（当然，有时也会发现潜藏的风险），就体现出图表的价值了。

第二节　数据的优势

众所周知，在市场中，盲从往往会带来巨大的风险，所以技术分析的研究者们选择各种各样的方法来研判股市——但大多数人仍在使用蜡烛图，必须承认的是蜡烛图直观又方便，的确非常的可靠，但是当多数人都在使用蜡烛图的时候，试图从表格上发现风险或者机遇的研究者也许会具备更大的优势（请原谅我在这里用"也许"这个词，因为图表的使用并不容易，在种类繁多的

模型理论 6

异级同构模型

图表中，有不少是毫无价值的，如果不能有效地区分，图表的使用效果不一定会很好），最起码不会成为主力针对的对象。

算数比例尺

对于技术分析研究者来说，制作图表的步骤大体分为三步：第一步是确定自己的研究标的，第二步是数据的收集，这两项操作都并不复杂，第三步处理数据时需要考虑的因素就开始变多了。

首先要考虑的是选择什么样的比例尺来让你的数据体现在图表中（此项主要涉及图表中图的部分），一般来说，技术分析研究者们在绘制图表的时候会用到四种比例尺，分别是算数比例尺、比率比例尺、对数比例尺和平方根比例尺。

读到这里也许你会想，"唉，又是对数又是平方根的，这么多的数学问题，真让人头大。"

别担心，没你想的那么复杂。

首先让我们了解一下比例尺的概念，简单来说，比例尺就是坐标系中横纵坐标的刻度，如图3.2.A中箭头所示。

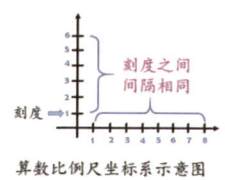

图 3.2.A 算数比例尺坐标系示意图

图3.2.A是以算数比例尺为刻度建立的坐标系示意图，由图可知，这种坐标系中的刻度之间的间隔从头到尾都是相同的，比如刻度1和2之间的距离和刻度7和8之间的距离是相同的。

这里需要强调的是，在股市中建立的坐标系，除非特殊情况，只能横坐标与横坐标的刻度之间互相比较，纵坐标与纵坐标之间的刻度互相比较，横纵坐标之间的比较并无意义，因为在这种坐标系中一般横轴代表时间，纵轴代表空间，两者的单位并不统一，所以不存在比较的关系。也因为如此，在同一个坐标系中，横轴与纵轴可能会选取不同的比例尺作为刻度。

如图 3.2.A 这种坐标系看起来可能会让人觉得陌生，实际上我们平常所用的 K 线图就是建立在这种坐标系上，横轴是以算数比例尺为刻度的，根据纵轴选取的比例尺区分 K 线图是属于等比 K 线、等分 K 线还是等速 K 线。

在技术分析的研究中，算数比例尺被广泛应用于坐标系中的横轴，两个刻度之间的间隔一般为某个时间段，比如一整个交易日或者一周、一个月等等，两个刻度之间间隔的时间段越短，则股价的变化在图表中就会体现得越明显。以蜡烛图为例，在分时线上可以体现出的波动，到了日线可能完全被忽略，而日线上的波动也不一定会体现在周线上。

比率比例尺

算数比例尺在纵轴上的使用较少，因为其虽然可以应用到纵轴上用来反映价格、成交量或者市场阔度的变化，但是存在着一个明显的缺陷，比如在价格方面，算数比例尺作为纵轴的刻度只能比较绝对的数值变化幅度，而大多数情况下交易者更关注价格变动的比例而非具体的变动数值。

举个简单的例子，我们常说的"普通 K 线"就是用算数比例尺作为横轴和纵轴的刻度绘制出的蜡烛图，如果用普通 K 线来表现股价从 10 元涨到 11 元和股价从 100 元涨到 110 元，两者的 K 线长度会相差十倍，但实际上这两段走势的变化幅度是一样的，都是上涨了 10%。

如果想要避免这一缺陷，那么不妨考虑以比率比例尺作为纵

异级同构模型

轴的刻度来建立坐标系。比率比例尺的特点就是将两个数值之间的比率差值或者百分比差值用同样的刻度值来表示，这里需要注意的是，如果我们以比率比例尺作为纵轴的刻度的话，体现在纵轴上的刻度值就不是简单的1、2、3了，而是百分比的值，比如5%、10%、15%，如图3.2.B所示。

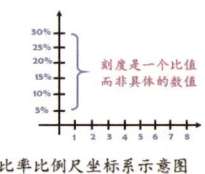

图 3.2.B　比率比例尺坐标系示意图

如图 3.2.B 是以比率比例尺为纵轴刻度，以算数比例尺为横轴刻度建立的坐标系示意图，如果在这种坐标系上绘制 K 线图的话，得到的就是等比 K 线。

对数比例尺

第三种比例尺是对数比例尺，在一定程度上，对数比例尺与比率比例尺非常的相似，也是以相同的比率来作为建立坐标系的标准，其中的区别是比率比例尺是用百分比作为纵轴刻度上的数值，而对数比例尺则是用具体的数值作为纵轴刻度上的数值，如图 3.2.C 所示。

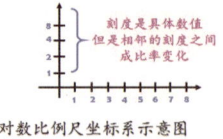

图 3.2.C　对数比例尺坐标系示意图

如图 3.2.C 是以对数比例尺为纵轴刻度，以算数比例尺为横轴刻度建立的坐标系示意图，图中可以看到，对数比例尺上的刻度是具体的数值，但是相邻的刻度之间成比率变化。实际上这种刻度是为了方便理解而简化后的结果，如果我们把纵轴上的刻度做得详细些，就会得到如图 3.2.D 上的刻度。

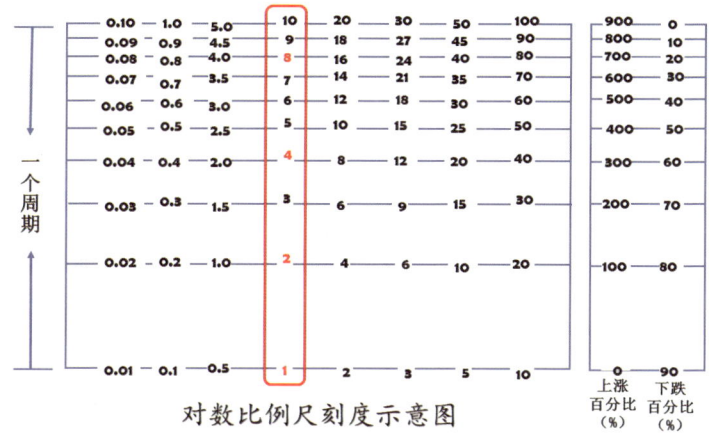

图 3.2.D　对数比例尺刻度示意图

如图 3.2.D 是对数比例尺的刻度示意图，可以看到，图中刻度之间的间距各不相同，且从下往上间距越来越小，这是由于刻度由小到大上涨的幅度依次变小。简单来说，以上图中左起第四列标准刻度为例（图中红色圆角矩形标识处），1 与 2 之间的间距就与 2 和 3 之间的间距不同，这是因为股价从 1 涨到 2 上涨了 100%，而从 2 涨到 3 则是上涨了 50%；同时图中 1 与 2 之间的间距和 2 与 4 之间的间距是相同的，因为都是上涨了 100%，所以对数比例尺中刻度的间距是根据股价变化的比例来决定的。

建议研究者把这张图保存下来，这张图将为研究对数比例尺提供重要的参考。

异级同构模型

图中用红色圆角矩形标识的那一列是从 1 到 10 的标准刻度,其余列数据从左到右依次为 $1/100$ 标准刻度、$1/10$ 标准刻度、$1/2$ 标准刻度、2 倍标准刻度、3 倍标准刻度、5 倍标准刻度和 10 倍标准刻度。

最右侧两列分别为上涨百分比和下跌百分比,即股价从最下一排上升到每一排所上涨的百分比以及股价从最上面一排下降到每一排所下跌的百分比。

以左起第四列标准刻度为例(图中红色圆角矩形标识),股价从 1 开始上涨到 2,涨幅为 100%;上涨到 3,涨幅为 200%,这里需要注意的是,涨幅是不包括起涨点以下的数据,也就是说,股价从 1 上涨到 3 是上涨了 200%(因为上涨了两个点,上涨的两个点是起涨点 1 的两倍),而非 300%,这一点是初学者容易出现错误的地方。

下跌也是同理,股价从 10 下跌到 9 是下降了 10%,从 10 下跌到 8 是下降了 20%。

随着对对数比例尺研究的深入,下一个问题就产生了,如果使用从 1 到 10 的标准刻度作为纵轴,股价从 1 开始上涨,涨到 11 怎么办?

除了更换比例尺之外(比如使用两倍标准刻度),还有一种方法就是增加对数比例尺的周期,在图 3.2.D 中所展示的是一个周期的对数比例尺(图中左侧有标识),若一段对数比例尺中最大数是最小数的 10 倍,那么我们称这段对数比例尺为一个对数周期。

随着股价的持续运行,当需要一个比当前完整的对数周期更大的数值时,就需要第二乃至第三个对数周期了,如图 3.2.E 所示。

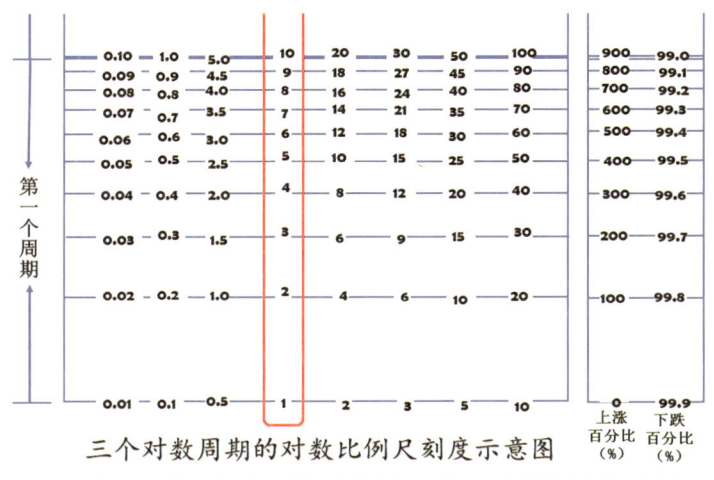

图 3.2.E　三个对数周期的对数比例尺刻度示意图

如图 3.2.E 是三个对数周期的对数比例尺示意图，以 1～10 刻度为标准刻度，则图中数据从左到右依次为 $1/100$ 标准刻度，$1/10$ 标准刻度，$1/2$ 标准刻度，标准刻度、2 倍标准刻度，3 倍标准刻度，5 倍标准刻度和 10 倍标准刻度，最右侧两列分别为上涨百分比和下跌百分比（其中上涨百分比以第一周期的初始刻度为基准，下跌百分比以第三周期最大刻度为基准）。

根据前文中提到的定义，若一段对数比例尺中最大数是最小数的 10 倍，那么我们称这段对数比例尺为一个对数周期。图 3.2.E 中我们可以看到 3 个对数周期，还是选择标准对数比例尺（图中红色圆角矩形标识处）为研究对象，我们可以看到，第二个对数周期以第一个对数周期的最大刻度为初始刻度，三个对数周期的最大刻度分别为 10、100、1000，也就是说，相邻的对数周期最大刻度之间是 1:10 的关系。

这是由对数周期的性质决定的，因为从第二个对数周期开始都是以前一个对数周期的最大刻度作为初始刻度的，而在同一个对数周期中，初始刻度与最大刻度都是 1:10 的关系，所以相邻周期之间的最大刻度是 1:10 的关系。

异级同构模型

最后需要注意的就是对数比例尺中的刻度是基于比例关系的，所以可以出现小数，但不会出现零。

对数比例尺与比率比例尺在本质上都是相通的，只是表现形式不同，相比较而言，对数比例尺更难以建立坐标系，但是建立坐标系之后绘制图表的过程会很简单；而比率比例尺建立坐标系相对容易，但是将数据转化为图表的过程会比较复杂。两者最终达成的效果是一致的，如果绘制蜡烛图的话，最终绘制出的都是等比 K 线。

平方根比例尺

第四种比例尺是平方根比例尺，对于技术分析研究者而言，对于平方根比例尺的研究还处在比较初级的阶段。在某种程度上，平方根比例尺算是算数比例尺和对数比例尺的折中方式。

算数比例尺显示的是股价变动的具体点位数量，对数比例尺显示的是股价变动的比例。在股市中，价位较高的股票通常价格变动的幅度比价位较低的股票大很多，所以使用算数比例尺衡量个股变化的时候，容易使得高价位股票的变动情况显得很剧烈，而低价股票的变动则会显得幅度很小——这就好像用哈哈镜来看一个人，想要得到准确的判断，是十分困难的。

而对数比例尺则会使得价位较低的股票的价格变化显得剧烈，而价位较高的股票的价格变化显得平缓，因为这种比例尺只衡量价格变化的比例，也许价位较低的股票上涨 1 元和价位较高的股票上涨 10 元的变化比例是相当的，这种情况也会造成对股价变化情况判断的失真。

而平方根比例尺在这方面就会表现出相当的优势，不同价格水平的个股变化情况在平方根比例尺上的体现都会比较趋近于实际情况，不会被夸大或缩小。

比如某一只股票的价格从1元涨到4元，也就是从1的平方增长到2的平方，这段距离在平方根比例尺上是一个单位距离，又如股价从9元涨到16元（从3的平方到4的平方），这段距离在平方根比例尺上也是一个单位距离，如果是价位较高的股票，股价从121元涨到144元（从11的平方到12的平方），这段距离在平方根比例尺上显示的也是一个单位距离，在股价下降时也是如此。所以平方根比例尺在描绘股价波动时能够起到非常重要的作用。

平方根比例尺的建立依据，在模型理论系列书籍的第二本《时空对数法则》的第二章中有详细的论述（这一规律最初是用来研究价格变化规律的，后来者们发现它也可以用于绘制图表，才有了平方根比例尺），在此就不进行过多赘述了。

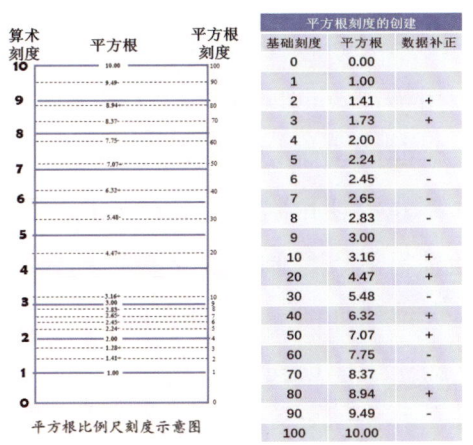

图 3.2.F　平方根比例尺刻度示意图

如图 3.2.F 左侧是平方根比例尺的刻度示意图，右侧的表格是创建左侧平方根比例尺需要的数据，表格中左起第一列是平方根比例尺的刻度，第二列是刻度的平方根（计算结果保留小数点后两位），最后一列是计算结果的数据补正（"+"读作"正补正"，

代表实际平方根大于表格中给出的平方根数据；"－"读作"负补正"，代表实际平方根小于表格中给出的平方根数据。）

左侧图中共有三列数据，左起第一列是算数比例尺的刻度（具体位置如图中蓝色实线标识），1到10之间间距相同。左起第三列是平方根比例尺的刻度（具体位置如图中黑色虚线标识），左起第二列是平方根比例尺刻度所对应的平方根，黑色虚线为其在算数比例尺刻度中所处的位置。

简单来说，比如我们想要求得平方根比例尺上"2"这一刻度的位置，首先建立一个算数比例尺，接下来计算2的平方根是1.41+，在算数比例尺刻度上找到1.41的位置，则该位置即为平方根比例尺上"2"这一刻度的位置。

比例尺的总结

以上是四种比例尺的特性和绘制方法，其中算数比例尺是最容易理解也是应用最广泛的比例尺，直到今天，在大多数技术分析图表中，代表时间的横轴使用的刻度都是算数比例尺刻度（对于初学者来说，不建议使用对数比例尺、比率比例尺或者平方根比例尺作为横轴进行图表的制作或者数据的分析，时间的不连贯或不对等性将极大地增加图表的分析难度）。

对数比例尺和比率比例尺更像是同一种方法的两种思路，在研究时可以放在一起进行分析，它反映股价变化的比率，广泛应用于走势图中（比如蜡烛图中的等比K线就应用了这两种比例尺），另外在早期的技术分析中，也有用比率比例尺或对数比例尺分析成交量变化的记录，这也许是一片蓝海。这里需要注意的是，这两种比例尺都没有"0"这一刻度，所以不能作为横轴，也不能用来绘制中心线。

平方根比例尺用增量的平方根来描绘股价的运动情况，这是符合股价变化的内在规律的,因此在对于股价变化分析中避免了另外三种比例尺会夸大或者缩小变化的缺陷。

　　介绍这些内容的目的不是希望你变成一个亲手绘图的"复古派"分析者,而是希望研究者能够掌握分析股市中数据的方法和思路,从而能够从数据的蛛丝马迹中发现机会或者风险,另一方面,这种运用绘制图表的思路分析股市的方法研究者不多,也许能够为研究者提供更多的获利机会。

股海拾贝

　　有一种思路是分别使用价格和成交量作为横轴和纵轴制作图表进行分析,这样得出的结果会更加的精准,但绘制和理解这样一份图表需要相当的专业性,有兴趣的研究者不妨试试。

　　本章中涉及的知识点都很明显,第一节中有两个关键知识点,第二节中有四个关键知识点,我在陈列馆中列举其中一部分,剩下的就要靠各位读者自己探索了。

我的"贝壳"陈列馆:

1.
2.
3.
4.
5.

扫码观看《模型理论》讲解视频
解决学习、应用模型理论中的一系列问题

第四章　区间波动中蕴含的机会

异级同构模型

导读——区间波动中蕴含的机会

价格波动通常可以分为两种形式：区间波动和趋势波动。

区间波动是指股价或指数在某个范围内上下波动运行，即横盘走势；趋势波动是指股价或指数的单边运行，分为上涨趋势和下跌趋势两种。

而区间交易就是利用股价的区间波动进行交易，低买高卖获取价差。

第一节　波动区间初始模型

在研究股市时，不可规避的一个问题就是如何在波动中找到利润，因为股价的运行不可能是毫无波动的，技术分析的研究者们从很早以前就开始研究市场中的波动，至今为止，对于市场波动的研究成果五花八门，然而甚少有简单而有效的，一般来说，这些研究成果要么有效但是难以掌握，要么很容易掌握但是难以应用于实战。

一般来说，对股价波动的研究倾向于直指波动的规律，那么我们今天的讨论不妨换一种思路，从波动的形态入手，探寻波动的规律。

想要研究波动的规律，首先我们要知道股价的波动是如何形成的。

股价的波动就是买卖双方博弈，当高点时卖方动能强盛而下跌，当低点时买方动能强盛而上涨，如下图所示。

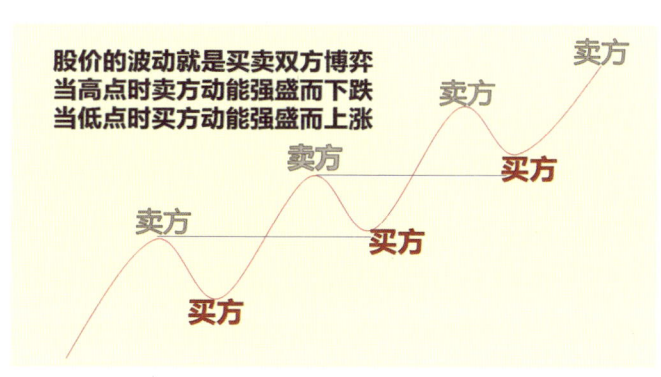

图 4.1.A　股价波动的形成

异级同构模型

图 4.1.A 是股价波动的形成示意图，可以看到买卖双方力量的交替强盛造成了股价的不断波动，即使在单边走势中，股价也是在不断重复这一过程的。

多空双方的力量变化是有规律的，这就决定了股价的波动也是有规律的，我们将走势的波动放大，这种规律就会更加明显，如下图所示。

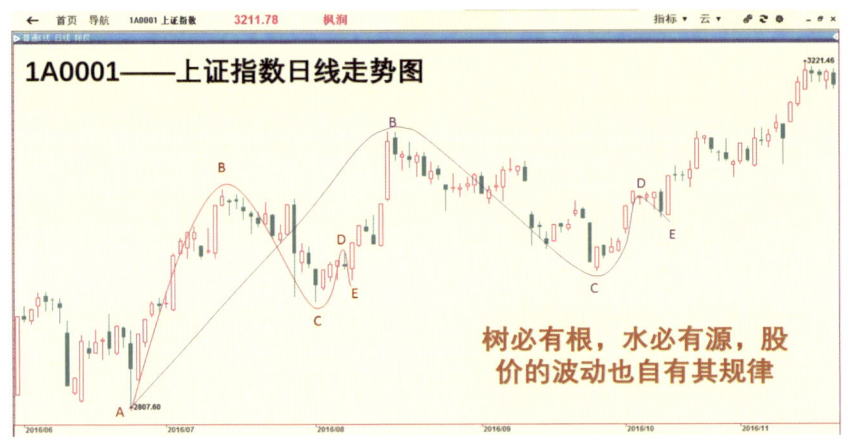

图 4.1.B　股价波动的规律

研究股价的普遍性规律，最好的方法莫过于从指数入手，图 4.1.B 是 1A0001——上证指数从 2016 年 5 月 31 日到 2016 年 11 月 18 日的日 K 线走势图。

之所以选择这段走势作为案例，是因为这段走势中波动规律的体现较为明显，方便理解，等到研究者理解了最基础的形态之后，再在走势中寻找波动的规律就会非常的容易。

可以看到，在这段走势中，分别用粉色和紫色曲线标记了股价波动的轨迹，被标记出的轨迹都是指数从低点 A 开始上涨，到达高点 B 后开始转折回调，出现低点 C 后再次上涨，次高点 D 低于前期高点 B，出现次高点 D 之后指数再次下跌出现 E 点。

可以看到，图中粉色和紫色的曲线所标记的轨迹的形态非常相似，实际上，我们几乎可以用这种A-B-C-D-E形态的轨迹衡量市场中的大多数走势——因为这就是股价波动的初始模型。

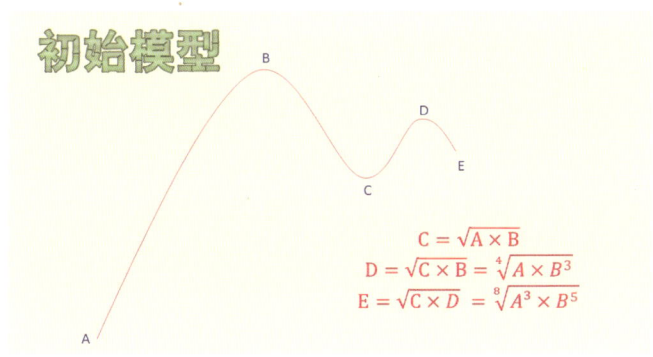

图4.1.C　股价波动的初始模型

图4.1.C就是股价波动的初始模型，这个模型与四段五点模型有些相似，但完全不同，四段五点模型在单边走势中更加适用，而股价波动的初始模型则更加适合于波动的走势。当然，通过初始模型的叠加，我们也可以用这个模型来把握上涨和下跌的走势——这部分内容我们会在稍后重点研究。

图中可以看到，初始模型中共有两段上涨走势AB和CD，以及两段下跌走势BC和DE，当股价或指数从低点A起涨，到达高点B之后开始下跌，此时我们就可以尝试通过股价波动的初始模型来预测低点C的位置，C点的计算公式是：

$$C=\sqrt{A\times B}$$

即股价或指数从B点开始下跌之后的预期转折点位等于起涨点A与高点B的乘积的平方根，因为股价或指数在波动的时候BC的回调幅度与AB的上涨幅度有关，这种关系类似于黄金分割在股市中的应用，但使用股价波动初始模型中的公式要比黄金分割精确一些。

异级同构模型

根据模型，回调低点 C 出现之后，走势继续上涨，出现次高点 D，前文中提到股价或指数在波动的时候 BC 的回调幅度与 AB 的上涨幅度有关，我们可以相应地推导股价或指数在波动的时候 CD 的反弹幅度与 BC 的下跌幅度有关，那么根据 C 点的计算公式，次高点 D 的计算公式也可以推导出来：

$$D=\sqrt{C\times B}$$

同时，如果将 C 点的计算公式代入 D 点的计算公式就可以更进一步地得到用 A 点和 B 点直接计算 D 点的公式了：

$$D=\sqrt{C\times B}=\sqrt[4]{A\times B^3}$$

这一公式的意义有两个，首先是可以在 C 点出现之前就预见 D 点的位置，其次如果 C 点与预测点位偏离较远，$D=\sqrt[4]{A\times B^3}$ 这一公式一般会比 $D=\sqrt{C\times B}$ 得到的点位更加精准。

在模型中，D 点出现之后，走势开始下跌，出现了模型中的最后一个点位 E，根据前文中提到的规律，我们同样可以知道股价或指数在波动时 DE 的回调幅度与 CD 的上涨幅度有关，实际上 E 点与 C 点、D 点的关系类似于 C 点与 A 点、B 点的关系，那么根据 C 点的计算公式，我们可以推导出 E 点的计算公式为：

$$E=\sqrt{C\times D}$$

将 C 点和 D 点的公式分别代入 E 点的公式中可以得到用 A 点和 B 点直接计算 E 点的公式：

$$E=\sqrt{C\times D}=\sqrt[8]{A^3\times B^5}$$

这一公式的意义与前文中介绍用 A 点和 B 点计算 D 点的公式相同。

以上公式是根据股价波动的初始模型推导出的预测走势转折点的公式，因为这些公式都是建立在波动初始模型的基础上的，所以统称为"波动公式"。

波动公式的实战应用

公式推导出来之后，下一步就进入实战阶段，我们来看一下波动公式在实战中的效果，如下图所示。

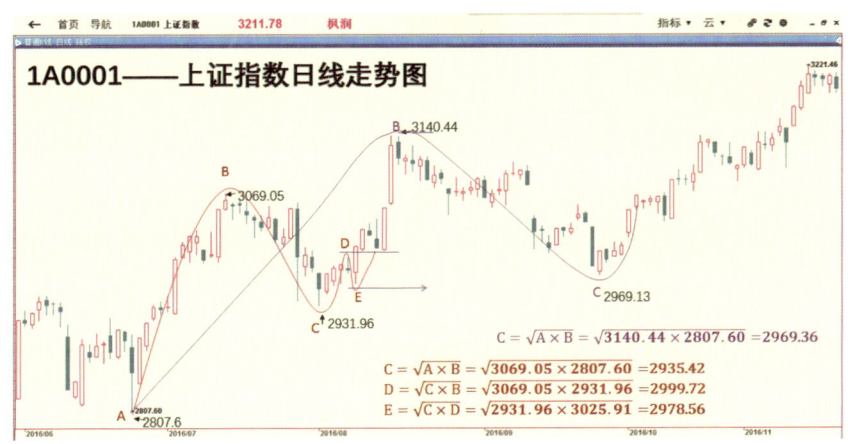

图 4.1.D　波动公式在上证指数中的应用

图 4.1.D 上的走势与图 4.1.B 相同，都是上证指数从 2016 年 5 月 31 日到 2016 年 11 月 18 日的日 K 线走势图。

可以看到，图中共有两个波动初始模型，分别用粉色和紫色标记，我们首先来看粉色的波动初始模型。

粉色的波动初始模型中，起涨点 A 为 2016 年 6 月 24 日最低点 2807.60 点，当指数从这个点位开始上涨，14 个交易日之后到达高点 B，B 点为 2016 年 7 月 13 日的最高点 3069.05 点，当指数开始下跌，我们就可以使用波动公式中的 C 点公式来计算 C 点的目标位，将 A 点与 B 点的数据代入公式可得：

$$C=\sqrt{A \times B}=\sqrt{3069.05 \times 2807.60}=2935.42$$

通过公式可得 C 点的预测目标位是 2935.42 点（本案例中所有计算结果均四舍五入并保留小数点后两位），在实际的走势中，

异级同构模型

指数从 B 点下跌了 14 个交易日之后在 2016 年 8 月第一个交易日出现了低点 C（这里可以看到，AB 之间的上涨与 CD 之间的下跌在时间上是对称的，实际上无论是个股还是指数，在运行时都会表现出时间或者空间上的对称性，这种对称性也非常的具有研究价值。因为需要的篇幅过长，对于这种对称性的研究，我们将在模型理论系列的下一本书中进行详细的探讨），C 点的实际点位为 2931.96 点。$D=\sqrt{C\times B}$，将 C 点和 B 点的数据代入可得：

$$D=\sqrt{C\times B}=\sqrt{3069.05\times 2931.96}=2999.72$$

则 D 点的预测目标位是 2999.72 点，在实际的走势中，指数从 C 点开始上涨了 6 个交易日之后，于 2016 年 8 月 9 日出现高点 D，D 的点位为 3025.91 点。可以看到，D 点的实际点位与目标位也是相当接近的，投资时能够为研究者提供相当有价值的参考。

当指数的运行到达 D 点之后即开始了下跌，本轮下跌的幅度与 CD 的涨幅有关，则想要计算 E 点的预测目标位，我们可以将数据 C=2931.96，D=3025.91 代入公式 $E=\sqrt{C\times D}$ 可得：

$$E=\sqrt{C\times D}=\sqrt{2931.96\times 3025.91}=2978.56$$

那么 E 点的预测目标位是 2978.56 点，在实际的走势中，指数从 D 点下跌三个交易日后，于 2016 年 8 月 12 日出现低点 E，E 点的实际点位为 2999.04 点，同样与预测位相距不远。

至此，粉色的初始模型已经运行完毕，我们来看一下紫色的初始模型。图中可以看到，紫色的初始模型并没有完全描绘日线图上的走势轮廓，而是将 A 点到紫色 B 点之间的上涨视为一波上涨，B 点到 C 点的下跌实际上也包含了好几个小级别波动，所以紫色的初始模型虽然与红色初始模型有着相同的起点，但是比红色初始模型大。

紫色的波动初始模型中，起涨点 A 同样为 2016 年 6 月 24 日最低点 2807.60 点，当指数从这个点位开始上涨，37 个交易日之后到达高点 B，B 点为 2016 年 8 月 16 日的最高点 3140.44 点，当指数开始下跌，我们就可以使用波动公式中的 C 点公式来计算 C 点的目标位，将 A 点与 B 点的数据代入公式可得：

$$C=\sqrt{A\times B}=\sqrt{3140.44\times 2807.60}=2969.36$$

C 点的目标位为 2969.36 点，在实际的走势中，指数从 B 点开始下跌了 28 个交易日后在 2016 年 9 月 27 日出现低点 C，C 点的点位为 2969.13 点，这无疑是一次精准的预测，预测值与实际值之间的误差小于一个点，这是一个非常典型的波动公式预测案例。

能够提供点位参考的方法有不少，仅仅在模型理论中，比上述公式更简单，更精确的也有（比如第一本中的台阶模型），所以这种初始模型衍生的波动公式直接的使用仅仅是一种初级的使用方法，准确程度与适用范围都有待改进。

而实际上，这种初始模型的最大价值也不是通过公式进行点位的预测，而是通过波动的规律把握指数或价格当前所处的区域以决定操作的方式——我称这种方法为"神波区域模型"。

第二节　神波区域模型

实际上神波区域模型的构成比较复杂，包含两个部分，九个区域，八个点位，但不要被这些数据吓到，与其复杂的结构相反的是，这一模型的建立和使用都相对简单。

当然，由于其结构的复杂性，我们不妨分阶段来了解神波区域模型。

异级同构模型

首先，让我们来看一下单纯由初始模型所衍生的神波区域模型，这属于神波区域模型的最初级应用，包含了两个部分，四个区域，五个点位。为区别于最终完全的神波区域模型，我称之为"简化神波区域模型"，如下图所示。

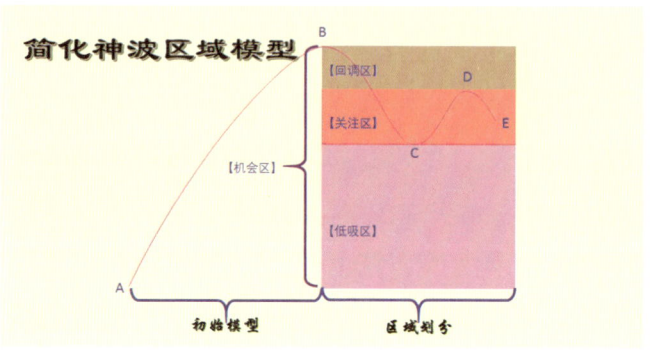

图 4.2.A　简化神波区域模型示意图

如图 4.2.A 为简化神波区域模型示意图，图中粉色的曲线是在上一节中讨论的股价波动的初始模型，在模型中分别用 A、B、C、D、E 标记五个点位。

实际上神波区域模型包含两个部分（不只是简化神波区域模型如此，完全的神波区域模型也同样分为两个部分），一部分是初始模型部分，也就是取点与计算的部分；另一部分是区域划分的部分，在图 4.2.A 中分别用两个蓝色的大括号标记模型中的这两个部分。

关于神波区域模型的这两部分划分需要研究者特别注意，在实战中，这两部分分别是对走势判断的过程和结果，无论是这两个区域在时间上的长度还是划分的方式都会影响最终的预测结果，关于这一问题，稍后我们会结合实际的案例进行深入的探讨。

我们可以看到，在简化神波区域模型中，将空间分为了许多个区间，这些区间分别代表着不同的含义，当股价或指数在其中运行的时候，可以对走势当前的状态以及未来可能的变化做出判断，比如，B点与D点之间形成的区域称之为"回调区"，当股价进入回调区的时候，基本上可以判断上升趋势已经形成，只要走势后期不跌破（此处的跌破是指收盘价跌破）回调区的下沿，一旦开始反弹或收出阳线，就可以进行买入或者加仓（买入后的止损位为买入当日最低价与回调区下沿中比较高的一个），此时投资者可以按照上升趋势的操作手法来进行操作。

C点与D点之间形成的区域称之为"关注区"。一般来说，处于关注区的走势是价格脱离底部区域后，开始积蓄上涨能量的修整阶段。在此阶段，主力一般会观察市场内浮动筹码的情况，跟风盘是否踊跃，交投量是否活跃，以判断散户投资者是否大量参与；如果主力认为时机未到，那么股价有可能在"关注区"内长时间整理徘徊，所以这一区域被称为"关注区"，当股价在这一区域内运行时，是不建议进行交易的，但随时关注股价，等待突破或拉升的出现是很有必要的。

C点与A点之间形成的区域称之为"低吸区"。"低吸区"的作用多为底部建仓，当股价处于"低吸区"的时候，在一定时间周期内创出新低的概率偏低，此时波段交易者可以考虑逢低吸纳，长线投资者也可以少量布局，但是需要注意的是，"低吸区"虽然意味着最大的机会与最廉价的筹码，同时也意味着最大的风险，一旦股价跌破"低吸区"的最低点（即初始模型中的A点），那么投资者需要果断离场，回避后期风险。

另一方面，当股价处于"低吸区"的时候，即使进行上涨也不一定马上开始上涨，有可能会出现底部震荡或者底部横盘的走势，所以短线投资者不建议在这一区域把握机会。

A点与B点之间形成的区域称之为"机会区"。"机会区"的区间大小等于"回调区""关注区"与"低吸区"的和，"机会区"

异级同构模型

代表着逆势买入低价筹码的机会，与"积危区"相对应（关于"积危区"的部分内容，稍后会进行详细阐述），也就是说，"机会区"更多倾向于提供买入依据，"回调区""关注区"与"低吸区"实际上都属于"机会区"。

这些区间是神波区域模型的精髓，也是其判断股市的主要机制。

了解了这些区间之后，下面就要进入建立模型的下一个步骤了，前文中关于区间的谈论只涉及了神波区域模型的形态，第二个步骤就是具体点位的确定，也就是用于界定区间的点位计算。

实际上这部分内容我们在上一节已经进行了详细的研究，由图4.2.A可知，界定"机会区""低吸区""关注区"和"回调区"四个区域所需要的点位一共有四个，分别是A、B、C、D，其中A点与B点出现在初始模型部分，直接从走势中取实际点位，也就是在模型中作为已知条件，而根据A点与B点计算C点与D点的公式在上一节内容中有详细的阐述，所以关于神波区域模型中界定区间的点位计算问题也解决了。

至此，神波区域模型的建立已经完成，下面我们来探讨这一模型在实际走势中的应用。

神波区域百日模型

与"模型理论系列"丛书中之前提到过的所有模型相比，神波区域模型比较特殊，在相同的级别上，它的大小是固定的，比如日线级别就是百日模型，即采取最近100个交易日（不包括当日）来建立模型。

日线级别的神波区域模型是用最近100个交易日中前50个交易日作为初始模型部分，选择其中的最高点与最低点作为模型中的A点与B点，来划分最近50个交易日（不包括当日）中的区域。

神波区域模型与大多数模型的另一个主要区别是，已经建立的模型会随着股价走势的发展而出现变化，股价或指数的走势每形成一根完整的 K 线（即出现收盘价），日线级别的神波区域模型就会向右横移一个交易日（这可能会造成前 50 个交易日，即初始模型部分的最高点与最低点的点位发生变化，从而影响区域的划分）。

明白了神波区域模型与我们之前了解的模型有哪些区别之后，我们可以开始尝试在实际走势中应用这一模型，如下图所示。

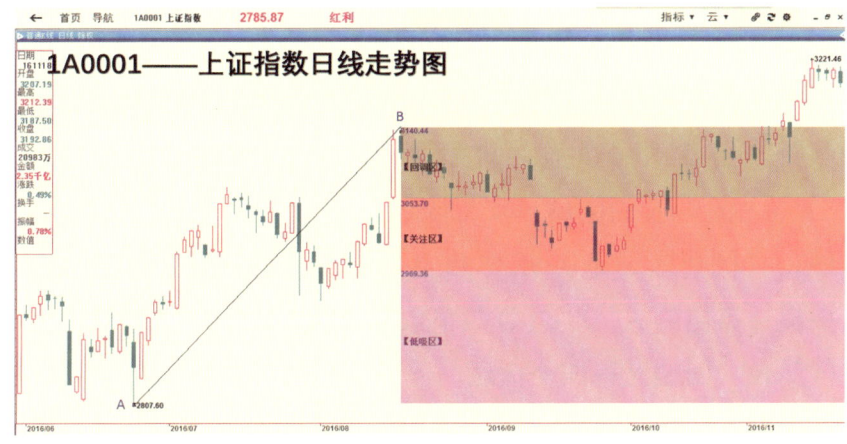

图 4.2.B　简化神波区域模型实战

我们还是选择一段熟悉的走势来开始对神波区域模型实战的学习，图 4.2.B 的走势与图 4.1.B 相同，都是上证指数从 2016 年 5 月 31 日到 2016 年 11 月 18 日的日 K 线走势图。

在图中，我们省略了波动初始模型，但仍然保留 A 点与 B 点，前文中提到，起涨点 A 为 2016 年 6 月 24 日最低点 2807.60 点，37 个交易日后的高点 B 为 2016 年 8 月 16 日的最高点 3140.44 点。

在上一节内容中，我们得出了初始模型中 C 点、D 点和 E 点的计算公式，如下：

异级同构模型

$$C=\sqrt{A \times B}$$
$$D=\sqrt{C \times B}$$
$$E=\sqrt{C \times D}$$

随后我们还尝试将公式 $C=\sqrt{A \times B}$ 代入 $D=\sqrt{C \times B}$ 中，得到了仅用 A 点和 B 点计算 E 点的公式：

$$E=\sqrt[8]{A^3 \times B^5}$$

这一公式的价值在后文中会有详细阐述，现在，我们先把目光放在 $D=\sqrt[4]{A \times B^3}$ 和 $C=\sqrt{A \times B}$ 这两个公式上。

通过这两个公式，以及作为已知条件的 A 点与 B 点的点位，我们可以计算出 C 点与 D 点的点位，也就是说，我们可以在 B 点出现之后就得出 A、B、C、D 四个点的点位，前文中提到，"回调区"是指 B 点与 D 点之间形成的区域；"关注区"是指 C 点与 D 点之间形成的区域；"低吸区"是 C 点与 A 点之间形成的区域；"机会区"是 A 点与 B 点之间形成的区域，那么我们可以根据计算出的 A、B、C、D 四个点划分出"机会区""低吸区""关注区"和"回调区"四个区域。

这四个区域，在图 4.2.B 中用棕色、粉色和紫色三个矩形半透明色块进行标识，其中棕色半透明色块标识处为"回调区"；粉色半透明色块标识为"关注区"；紫色半透明色块标识为"低吸区"；而上述三个区域统称为"机会区"。

图中可以看到，在实际的走势中，指数于 2016 年 8 月 16 日出现高点 B，随后开始下跌，当 A 点与 B 点确定之后，我们就可以计算出 C 点与 D 点的值。

将 A=2807.60 和 B=3140.44 带入 C 点的计算公式可得：

$$C=\sqrt{A \times B}=\sqrt{3140.44 \times 2807.60}=2969.36$$

那么我们可以得出 C 的值为 2969.36 点（计算结果保留小数点后两位），将 A 与 B 的数据代入 D 的计算公式可得：

$$D = \sqrt[4]{A \times B^3} = \sqrt[4]{2807.60 \times 3140.44^3} = 3053.70$$

则我们可以知道 D 的值为 3053.70 点。至此，我们得到了本案例中 A、B、C、D 四个点位的具体数值，以此划分区域可知：

"回调区"的区间为 3053.70 点到 3140.44 点，其中 3053.70 称为"回调区下轨"，3140.44 称为"回调区上轨"；

"关注区"的区间为 2969.36 点到 3053.70 点，其中 2969.36 称为"关注区下轨"，3053.70 称为"关注区上轨"；

"低吸区"的区间为 2807.60 点到 2969.36 点，其中 2807.60 称为"低吸区下轨"，2969.36 称为"低吸区上轨"；

"机会区"的区间为 2807.60 点到 3140.44 点，其中 2017.60 称为"机会区下轨"，3140.44 称为"机会区上轨"。

如下图所示：

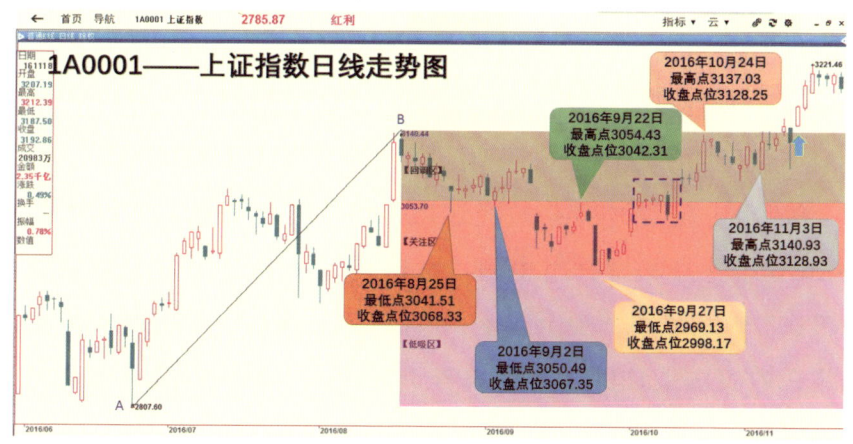

图 4.2.C　神波区域模型实战点位图

如图 4.2.C 可知，指数从 B 点下跌 8 个交易日后，于 2016 年 8 月 25 日（图中橙色圆角矩形标识）触及回调区下轨，当日最低点为 3041.51 点，低于回调区下轨，收盘点位为 3068.33 点，高于回调区下轨，属于下影线触及，次日指数开始收阳反弹，一

模型理论 6

异级同构模型

般来说，这种情况应该是绝佳的买入点，但是收阳日的K线实体非常的小，几乎可以算是一个十字星，本轮反弹可能会比较乏力，大概率无法突破回调区上轨，因而谨慎型投资者可以选择不介入，激进型投资者也建议只小仓位介入，等到指数突破回调区上轨再加仓。

正如我们所判断的，在实际走势中，指数出现了连续四个交易日的小幅上涨之后，于第五个交易日（2016年9月1日）收长阴线接近回调区下轨，次日（图中蓝色圆角矩形标识）指数触及回调区下轨（2016年9月2日最低点为3050.49点，收盘点位为3067.35点），同样属于下影线触及，并且触及回调区下轨的K线是一根中阳线，此时即可少量买入，若次日指数再次收阳则可以作为优秀的买入点，可惜的是，次日指数虽然收阳，但是实体同样非常的小，可以算作十字星，则指数本轮反弹突破回调区上轨的可能性不大，但我们仍然可以判断本轮反弹的强度会强于前一反弹（因为本轮反弹中影线触及回调区下轨的K线收中阳线，而前一轮反弹中影线触及回调区下轨的K线是收阴的）。

在实际的走势中，指数经过持续四个交易日的快速上涨之后，于2016年9月9日收出中阴线，次日（9月12日）大幅跳空低开再次收阴，直接跌破回调区下轨进入关注区。此时研究者需要关注指数突破关注区上轨时或者于关注区下轨受到支撑启涨都是买入机会。

指数在关注区调整三个交易日后开始缓慢上涨，并于2016年9月22日（图中绿色圆角矩形标识）出现高点3054.43点，高于关注区上轨不到一个点，并且只有上影线触及关注区上轨，随后指数继续下跌，则可以判断，此处大概率发生共振，下跌风险较大。果然随后指数在四个交易日内就从关注区上轨跌到下轨，2016年9月27日（图中黄色圆角矩形标识）出现低点2969.13点，同样跌破关注区下轨不到一个点，同样是影线触及，并且当日收出一根大阳线，则可以判断此处发生共振，是绝佳的买入机会。激进型投资者可以通过分时图发现指数触及关注区下轨开始上行之后尝试建仓，收阳后加仓；保守型投资者可以在当日收阳时再建仓（注意两种建仓方式此时仓位都不宜过重，并且一定要做好止损，止损位为买入当日最低价）。

买入点出现之后，指数快速上涨，在关注区上轨处进行一段时间的横盘（图中紫色虚线框标识），突破关注区上轨进入回调区，当确认突破时，可以进行再次加仓，随后指数继续上涨，于2016年10月24日出现高点3137.03点，于回调区上轨3140.44点仅相差3个点，此处大概率发生共振调整，当次日指数开始下跌时可进行减仓操作（也可不进行减仓操作，因为并没有出现明确的减仓信号，只是通过点位的共振判断可能会有调整），在实际走势中，指数进行了六个交易日的回调之后即开始上涨，2016年11月3日指数触及回调区上轨，最高点为3140.93，与回调区上轨相差不到一个点，并且明显收盘于上轨之下，投资者需留意共振回调的风险。指数连续三个交易日触及回调区上轨，并收于上轨之下，点位的触及虽然都很精确，误差在一两个点之间，但并没有触及之后立刻下跌，则共振回调的风险大大减小，此时宜观望为主。

2016年11月10日（图中蓝色箭头标识），指数正式突破回调区上轨开始上涨，则突破点位为加仓点或者入场点。

以上是简化版的神波区域模型在市场中的应用，由此产生的一个问题是："当股价或指数突破回调区之后该如何进行把握？"这个问题我们稍后将会深入探讨。

现在让我们回过头来，研究一下简化版神波区域模型的性质，这些性质将帮助我们更好地在实战中使用这一模型。

需要强调的一点是,在本章中,研究神波区域模型时选取的都是日线图,研究的也都是日线级别的走势,实际上在其他级别上,神波区域模型的实用价值并不大,不建议作为研究的重点。

但这并不代表神波区域模型就不适合长线研究者,我们仍然可以通过调整在日线级别上神波区域模型所包含的K线数量来把握这一模型更长期的走势。

神波区域模型与四段五点模型

股价或指数出现在各区间所代表的含义在前文中亦有详细描述。下面我们结合案例来探讨股价或指数在各区间的转折及其所代表的含义。

其实在研究神波区域模型之初,我们就发现其初始模型的形态与四段五点模型非常相似,在股市中,形态与性质往往是息息相关的。

所以四段五点模型中的一些特性,在神波区域模型中也会有所体现,在模型理论系列第一本《股市获利阶梯》第七章第三节中,给出了四段五点模型中的三种点位公式,分别用来衡量强势走势、弱势走势以及正常走势(即原文中的"根号1""根号2"和"根号3"),如下图所示。

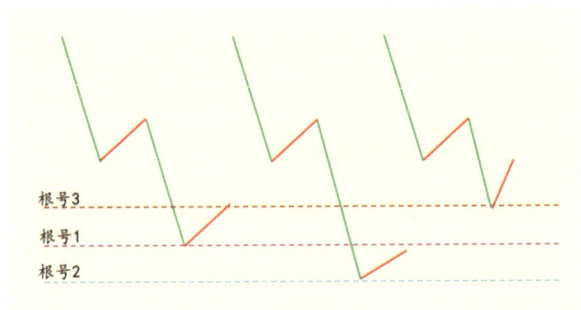

图 4.2.D　下跌四段五点模型中的三种走势

如图 4.2.D，在下跌四段五点模型中，若走势在根号 1 的位置（如图中粉色虚线标识）出现反弹，则代表反弹属于正常趋势；如果走势在根号 2 的位置（如图中蓝色虚线标识）出现反弹，则代表当前反弹属于弱势反弹；如果走势在根号 3 的位置（如图中红色虚线标识）出现反弹，则代表当前反弹属于强势反弹。

这一规律使得四段五点模型的价值大大提升，不仅仅是多提供两个转折点参考位，更多的是能够通过走势出现转折的位置判断当前走势的强弱。

神波区域模型在建立之初，也考虑到了走势的这三种情况，如下图所示。

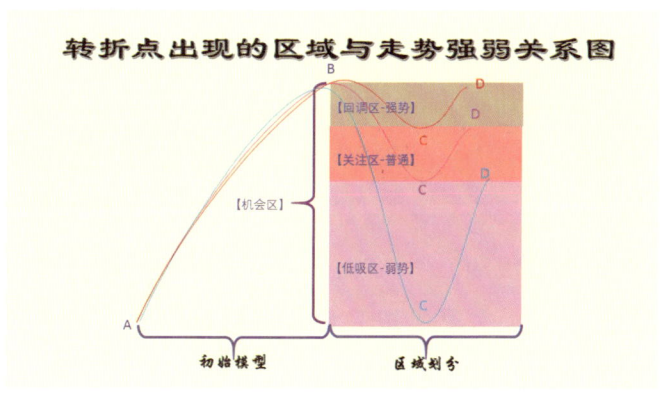

图 4.2.E　转折点出现的区域与走势强弱关系图

图 4.2.E 是简化神波区域模型中转折点出现的区域与走势强弱的关系对比图，图中分别用蓝色、粉色和红色三种颜色的曲线标记了走势可能出现的三种情况。

在简化神波区域模型中，除了前文中提到的各个区间的性质之外，还有一条与四段五点模型中的性质相似的规律，那就是通过转折点的位置对当前走势的强弱状态做出判断，以及对未来走势的变化幅度做出预期。

异级同构模型

具体来说，当走势沿着图中粉色轨迹运行时（即从 B 点下跌，在关注区发生转折），即可判断当前上涨属于普通强度，其涨幅预期与前一段上涨的涨幅（如图中 AB 段走势）相当，此处需要注意的是，不一定要在关注区下轨发生转折，只要转折点出现在关注区内即可做出预期。一般来说，在实际走势中，股价或者指数的走势按照粉色轨迹运行的概率最高。

当走势沿着图中蓝色轨迹运行时（即从 B 点下跌，在低吸区发生转折），即可判断当前上涨属于弱势，其涨幅预期达不到前一段上涨的涨幅（如图中 AB 段走势），风险较大，不建议投资者参与其中。同样，走势不一定要在低吸区下轨发生转折，只要转折点出现在低吸区内，即可做出预期。

当走势沿着图中红色轨迹运行时（即从 B 点下跌，在回调区发生转折），即可判断当前上涨属于强势，其涨幅预期将超过前一段上涨的涨幅（如图中 AB 段走势），则此处为上佳的买入时机。同样，走势不一定要在回调区下轨发生转折，只要转折点出现在回调区内即可做出预期。

需要注意的是，这里所指的预期涨幅是指从 C 点到 D 点的涨幅，而非从 B 点到 D 点的涨幅。

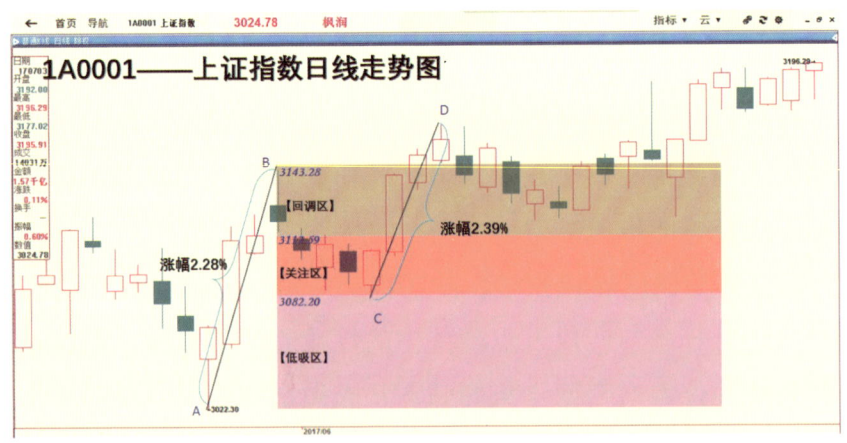

图 4.2.F　转折点出现的区域与上涨预期的关系

图 4.2.F 是 1A0001——上证指数从 2017 年 5 月 12 日到 2017 年 7 月 3 日的日 K 线走势图，连接低点 A（2017 年 5 月 24 日，3022.30 点）与高点 B（2017 年 5 月 31 日，3143.28 点），建立简化神波区域模型，如图所示（具体计算过程与图 4.2.B 中案例相同，我就不多做赘述了）。

可以看到，在本案例中，指数从 B 点下跌之后，在关注区下轨出现转折点 C（2017 年 6 月 6 日，3078.79 点），之后指数开始上涨，3 个交易日后出现转折点 D（2017 年 6 月 9 日，3165.92 点）。

根据前文中提到的规律，指数在关注区出现转折，则 A 点与 B 点之间的涨幅倾向于接近 C 点与 D 点之间的涨幅。如图可知，A 点与 B 点之间的涨幅为 2.28%，C 点与 D 点之间的涨幅为 2.39%，十分的接近，符合前文中提到的规律。

下面我们来看个股中股价的转折点出现的区域与上涨幅度之间的关系，如下图。

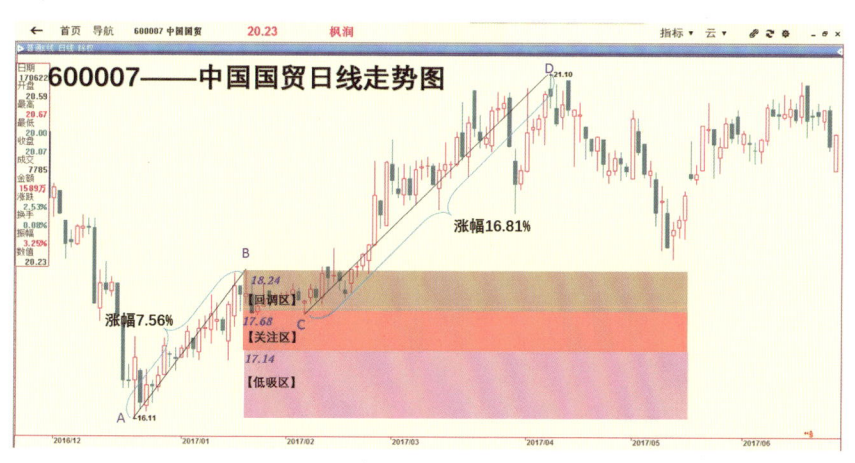

图 4.2.G　个股中转折点出现的区域与上涨预期的关系

图 4.2.G 是 600007——中国国贸从 2016 年 11 月 23 日到 2017 年 6 月 23 日的日 K 线走势图，连接低点 A（2016 年 12 月 21 日，

16.11元）与高点B（2017年1月18日，18.24元），建立简化神波区域模型（此处同样省略具体计算）。

如图所示，在个股走势中，股价从B点开始下跌之后，多次接触回调区下轨，最终于2017年2月8日在回调区下轨处出现转折点C（17.63元），股价从此开始了持续42个交易日的震荡上涨走势，最终于2017年4月11日出现转折点D（21.10元）。

前文中提到，如果股价在回调区出现转折，则说明上涨比较强势，C点与D点之间的涨幅倾向于大于A点与B点之间的涨幅。如图可知，C点与D点之间的涨幅为16.81%，是A点与B点之间涨幅7.56%的两倍还多，同样符合前文中提到的规律。

当然，不符合这一规律的走势也有，所以研究者们在实战（尤其是个股中）使用时还是要摸清股性，谨慎操作。

关于转折点需要强调几点内容，首先是转折点出现的位置界定，因为在实际走势中，有可能出现转折K线同时存在于两个区间的情况，这种情况有六种可能的走势，分别代表不同的含义，如下图所示。

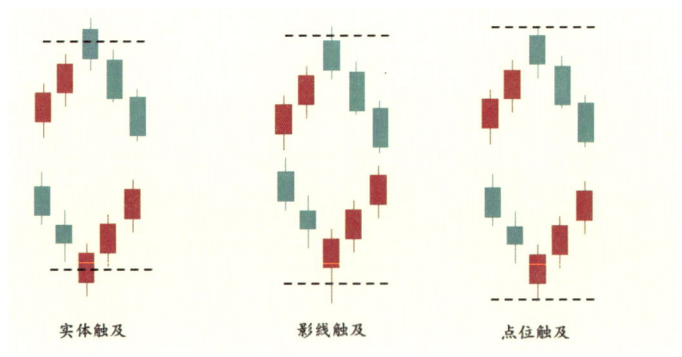

图4.2.H　转折K线同时存在于两个区间的六种可能走势

图4.2.H中黑色虚线代表两个区间之间的交界（即上一个区间的下轨，也是下一个区间的上轨），图中左起第一列的两种走势，

分别是转折高点和转折低点K线实体触及两个区间交界的情况，这种情况下应该以转折点出现的K线收盘价所在的区间为准。

图中左起第二列的两种走势，分别是转折高点和转折低点K线影线触及两个区间交界的情况，说是触及，实际上是穿过了代表两个区间交界的黑色虚线，这种情况称之为"影线触及"，此时应该以K线实体所在区间为准。

图中最右侧一列的两种走势，分别是转折高点和转折低点K线的最高点或者最低点恰好触及两个区间交界的情况（一般指数上误差在三个点以内，个股上误差在0.1元以内的情况），这种情况称之为"点位触及"，在这种情况下对于区间的界定不存在疑虑，需要特别注意的就是点位共振对后期走势的影响。

具体来说，转折K线与区域上下轨之间的接触方式也可以辅助判断后期的走势，同时印证转折点的有效性，当出现"实体触及"的转折点时，一般转折之后的走势会倾向于比正常情况下稍弱；当出现"影线触及"的转折点时，为良好的买入或者卖出时机，但走势转折之后可能会出现震荡；当出现"点位触及"的转折点时，出现点位共振，此时为最佳的买入或者卖出时机，转折之后，走势一般也会倾向于快速运动。

印证转折有效性方面，"点位触及"强于"影线触及"并强于"实体触及"，也就是说出现"点位触及"时转折点真实的概率最高，"影线触及"稍差一些，"实体触及"真实的概率较差。

另外，转折点处K线的阴阳也影响对后期走势的预期。一般来说，转折高点收阴（至少要为中阴线才有作为判断依据的价值）为最佳，预期后市下跌较为强势；转折低点收阳（至少要为中阳线才有判断价值）为最佳，预期后市上涨较为强势。这里需要注意的是，最好留意一下转折K线的分时走势，关于这种分时走势上的骗线方法，在模型理论系列丛书中第三册《破译趋势基因》中，

第十章第一节涉及微趋势的部分有详细的阐述，在此就不多做赘述了。

再次，股价或者走势在区间内发生转折的位置也会影响到对涨幅的预期，除了前文中提到的"点位触及"、"影线触及"和"实体触及"三种情况之外，转折点还可能出现在某一区间的中间，并不与上下轨接触，一般来说，这种转折难以把握（通常以上涨之后突破区间上轨为买入时机），转折之后的走势规律性也较差，但在简化神波区域模型中，仍然遵循转折点出现在回调区则强势，关注区则正常，低吸区则弱势的规律。

关于简化神波区域模型的论述已经足够详细了，相信你也不再满足于只使用一个简化版的神波区域模型，如果你能够理解并掌握本节中讲述的内容，那么我想，我们是时候进一步地了解神波区域模型了。

第三节　初始模型的叠加

在实际的使用中，我们会发现，在简化神波区域模型中，一旦股价突破了回调区，之后的走势就难以把握，并且简化神波区域模型只能用来把握大级别买点，对于大级别卖点无能为力，这两个问题在完整的神波区域模型中都得到了解决。

完整的神波区域模型比简化神波区域模型稍微复杂一些，它包括两个部分，九个区域，八个点位。

在完整神波区域模型的建立这个问题的论述上，我们最好从初始模型的角度开始探讨。之所以称之为"完整的神波区域模型"，就是因为在初始模型中就比简化神波区域模型更加的完善。

在神波区域模型诞生之初，只有简化版神波区域模型，后来我发现在股价突破回调区之后，简化版的神波区域模型就不能够对走势进行把握了，它甚至不能够为我们提供一个在回调区之上的卖点，所以我萌生了进一步完善简化版神波区域模型的想法。

其思路是，当一个简化的神波区域模型结束之后，以其结束点为起点再次建立神波区域模型，后来经过多方尝试，这一思路最终在初始模型上获得成功，最终凭借新的初始模型建立起了完整的神波区域模型。

也就是说，完整神波区域模型的初始模型是在简化神波区域模型的初始模型基础上进行叠加得到的，如下图所示。

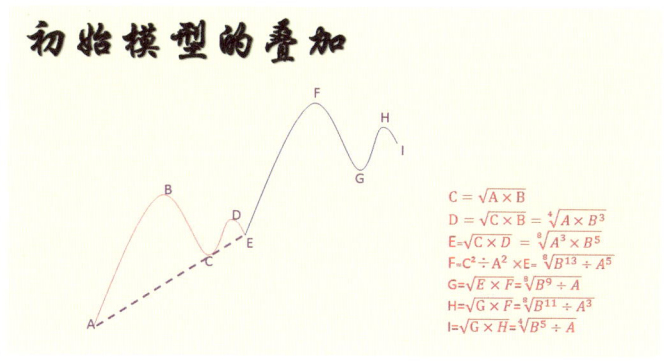

图 4.3.A　初始模型的叠加

图 4.3.A 是初始模型叠加示意图，可以看到在简化版神波区域模型的初始模型 A-B-C-D-E（如图中粉色曲线标识）的基础上，以结束点 E 为起点叠加了一个完全一样的初始模型 E-F-G-H-I（如图中蓝色曲线标识），这一过程称之为"初始模型的叠加"，而图 4.3.A 中这种模型形态称之为"一次叠加初始模型"。

了解了模型叠加的含义，下面就要涉及一个让人头痛的问题了——叠加模型中各点位的计算。

在一次叠加初始模型中，仍然将前两个点位 A 与 B 作为已知条件，则 C 点、D 点和 E 点的计算公式与初始模型的点位计算公式相同，分别是：

$$C=\sqrt{A\times B}$$
$$D=\sqrt{C\times B}=\sqrt[4]{A\times B^3}$$
$$E=\sqrt{C\times D}=\sqrt[8]{A^3\times B^5}$$

F 点的计算是一个难点，因为叠加的初始模型与原来的初始模型形态相同，点位计算公式上也遵循相似的规律，但是在模型 A–B–C–D–E 中，A 点与 B 点是已知点，而在模型 E–F–G–H–I 中，只有 E 点已知，F 点却是未知点，所以 F 点的计算至关重要。

F 点的计算公式推导首先要明确的一条规律就是，股价因买卖双方的力量变化而发生波动，其波动的规律都是相同的。

如图可知，F 点在模型 E–F–G–H–I 中的位置相当于 B 点在模型 A–B–C–D–E 中的位置，那么我们可以根据模型 A–B–C–D–E 中存在的规律对 F 点的计算公式进行推导。

在模型中 A–B–C 段的走势最终的结果就是走势从 A 点上涨到 C 点，连接图中 A 点与 C 点，之后延长这条连线，可以看到，这条连线同时也穿过 E 点，也就是说，从 A 点到 C 点间走势的上涨速率与从 A 点到 E 点间走势的上涨速率相同，而在模型 E–F–G–H–I 中也存在着同样的规律，所以我们用"$C^2\div A^2$"来代指模型中走势的上涨速率，而在模型 E–F–G–H–I 中，E 点是变化的起点，所以 F 点的计算公式是：

$$F=C^2\div A^2\times E$$

得到了 F 点的计算公式之后，我们可以更进一步，将 $C=\sqrt{A\times B}$ 和 $E=\sqrt[8]{A^3\times B^5}$ 代入公式中，得到根据已知条件 A 点与 B 点计算 F 点的公式如下：

$$F=C^2\div A^2\times E=\sqrt[8]{B^{13}\div A^5}$$

当得出 F 点的计算公式之后，我们就可以根据模型中 A-B-C-D-E 中的点位公式，推导 E-F-G-H-I 中的点位公式，G 点的公式如果按照对应关系为 $G=\sqrt{E\times F}$，将 E 点与 F 点的计算公式代入其中，可以得到根据 A 点与 B 点计算 G 点的公式如下：

$$G=\sqrt{E\times F}=\sqrt[8]{B^9\div A}$$

接下来是 H 点的计算公式，H 点对应的是 D 点，对应关系完全相似，所以 H 点的公式为：

$$H=\sqrt{G\times F}$$

将 G 点与 F 点的计算公式代入其中，可以得到根据 A 点与 B 点计算 H 点的公式如下：

$$H=\sqrt{G\times F}=\sqrt[8]{B^{11}\div A^3}$$

一次叠加初始模型中的最后一个点位是 I，它对应的是 E 点，对应关系也是完全相似，所以计算公式为：

$$I=\sqrt{G\times H}$$

将 G 点与 H 点的计算公式代入其中，可以得到根据 A 点与 B 点计算 I 点的公式如下：

$$I=\sqrt{G\times H}=\sqrt[4]{B^5\div A}$$

这些公式的推导过程并不复杂，但是其中涉及的具体计算，尤其是代入公式求得通过 A 点与 B 点计算某一点位的公式，这一过程相当的复杂，所以使用时再临时推导不是明智之举，而这些公式的复杂性也使得它们难以记忆，所以寻找并牢记其中的规律就成了掌握这些规律的最佳手段。

如图 4.3.A，将这些公式并列，可以发现其中的规律。首先需要明确的是，因为是两个初始模型叠加而成，E 点是叠加的点位，所以这些公式的规律都以 E 点为分界线。

A 与 B 的关系也以 E 点为分界线，E 点以前都是乘号，E 点以后是除号。E 点之后的规律是根式的开方数等于 B 的指数减去 A 的指数，E 点之前根式的开方数等于 B 的指数加 A 的指数。

掌握这些公式之间的规律，能够帮助我们轻松地记忆这些公式，更好地使用神波区域模型。

那么用图 4.3.A 这种一次叠加后的初始模型就能够建立完整的神波区域模型了吗？

当然不行，所谓"牛市不言顶"，如果想要完全把握上涨，需要初始模型的多次叠加。

从 A 点到 Y 点——多次叠加的"遨游模型"

如果在走势中，每五个点位形成一个初始模型的话，在代表点位的 26 个英文字母用完之前，我们可以一直叠加六个初始模型，最后一个点位为"Y"，也就是从 A 到 Y，如下图所示。

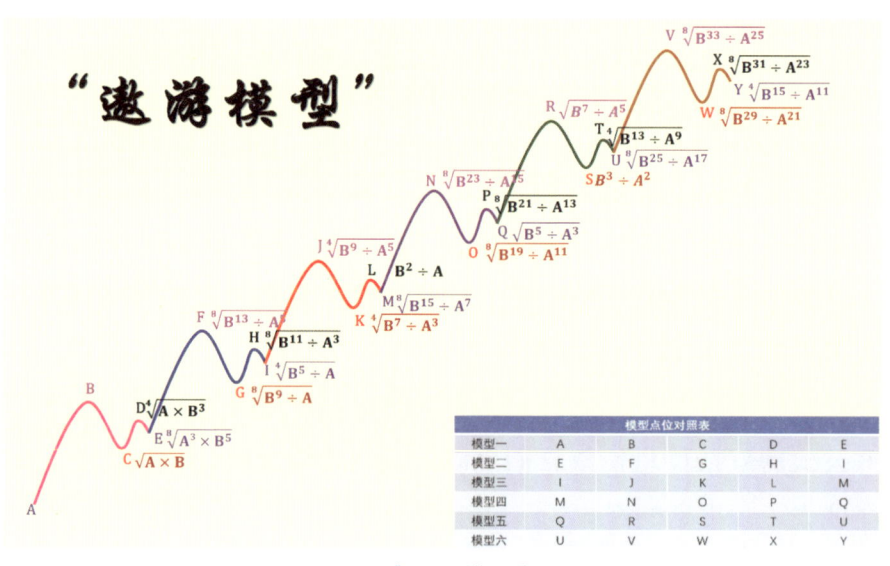

图 4.3.B　"遨游模型"示意图

正如初始模型的一次叠加一样，多次叠加的形式与规律并无不同。图 4.3.B 是初始模型多次叠加的示意图，因为是从 A 到 Y，所以这一模型被取名为"遨游模型"，意为"股市虽大，任我遨游"。

可以看到，图中给出了根据 A 点与 B 点计算每一个点位的公式，"遨游模型"的精髓就在于此。图中用不同的颜色标记了每一个叠加的初始模型，粉色标记模型一（A–B–C–D–E），蓝色标记模型二（E–F–G–H–I），红色标记模型三（I–J–K–L–M），紫色标记模型四（M–N–O–P–Q），绿色标记模型五（Q–P–S–T–U），橙色标记模型六（U–V–W–X–Y），图中对应的点位公式之间用同种颜色标识，右下角的表格为六个初始模型中的点位对应关系。

在实际的走势中，运行的规律倾向于不断地重复初始模型的过程，一次次叠加之后就得到了遨游模型。

实际上，模型中有三种方式可以计算出目标位，研究者在实际使用时可以根据不同的情况选择不同的目标位计算方式，也可以计算出多个目标位作为目标区间进行预测。

下面我将一一介绍这三种点位的预测方式和所对应的走势情况：

第一种情况

第一种情况，在符合模型的走势中，已知点位 A 和 B，我们就可以通过公式计算出任何一个点位的目标位。

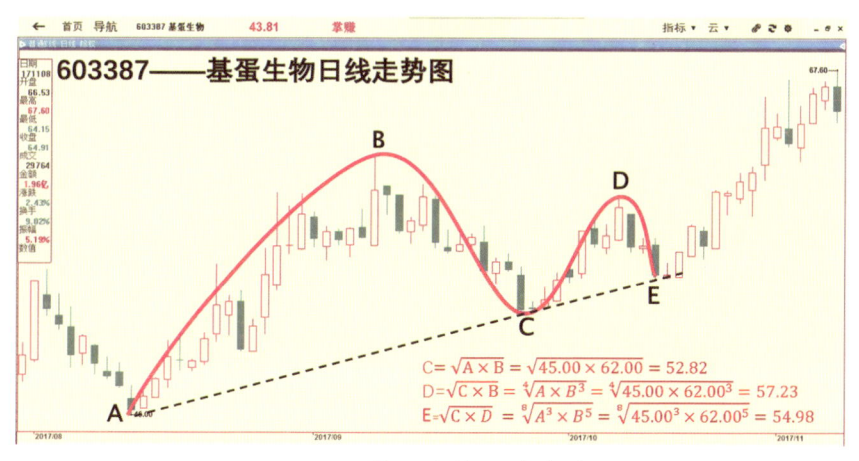

图 4.3.C　基蛋生物日线走势图

异级同构模型

如图4.3.C是603387——基蛋生物从2017年7月31日到2017年11月8日的日K线走势图，图中股价运行的走势符合初始模型的形态，并且A点、C点与E点在一条直线上。

已知A点为2017年8月11日最低价45.00元，B点为2017年9月8日最高价62.00元，将A点与B点代入公式可以求得：

$$C=\sqrt{A \times B}=\sqrt{45.00 \times 62.00}=52.82$$

则C点的预测目标位为52.82元。在实际走势中，股价从高点B开始下跌，12个交易日后出现低点C（2017年9月26日，最低价51.58元），预测值与实际值相差1.24元，这个数值看似不小，但实际上相对于五六十元的股价来说，只能算是微小差距了。

将A点与B点代入D点的公式可得：

$$D=\sqrt{C \times B}=\sqrt[4]{A \times B^3}=\sqrt[4]{45.00 \times 62.00^3}=57.23$$

则D点的预测目标位为57.23元。在实际走势中，股价从C点开始上涨8个交易日后出现高点D（2017年10月13日，最高价59.35元），预测值与实际值相差2.12元。

接下来将A点与B点代入E点的公式可得：

$$E=\sqrt{C \times D}=\sqrt[8]{A^3 \times B^5}=\sqrt[8]{45.00^3 \times 62.00^5}=54.98$$

已知E点的预测目标位为54.98元，在实际走势中，股价于2017年10月18日出现E点53.89元，预测值与实际值相差1.09元。

可以看到，通过公式，我们可以在仅仅已知A点与B点的情况下对走势中的点位进行预测。

第二种情况

第二种情况是根据图4.3.B中右下角的表格中点位的对应关系，通过已知点位计算未知点位。首先需要明确的是，图4.3.B

中存在用不同颜色标记的六个初始模型，颜色与模型编号的对应关系在前文已有描述。

在不同模型中的对应点位之间都存在着这样的关系：

模型 X（X 为整数，3＜X≤6）中的某一点位等于模型 X-1 中的对应点位的平方除以模型 X-2 中对应点位，例如 $I=E^2\div A$，$J=F^2\div B$。

而对于更远处的一点对应点位，也是可以进行预测的，其对应关系是呈现指数变化的，比如在模型四中，$M=E^3\div A^2$，$N=F^3\div B^2$；而在模型五中 $N=F^4\div B^3$，在模型六中 $X=H^5\div D^4$。

这种比例关系是依托于位置存在的，只要点位存在于形态中对应的位置，就会存在这样的关系，如下图所示：

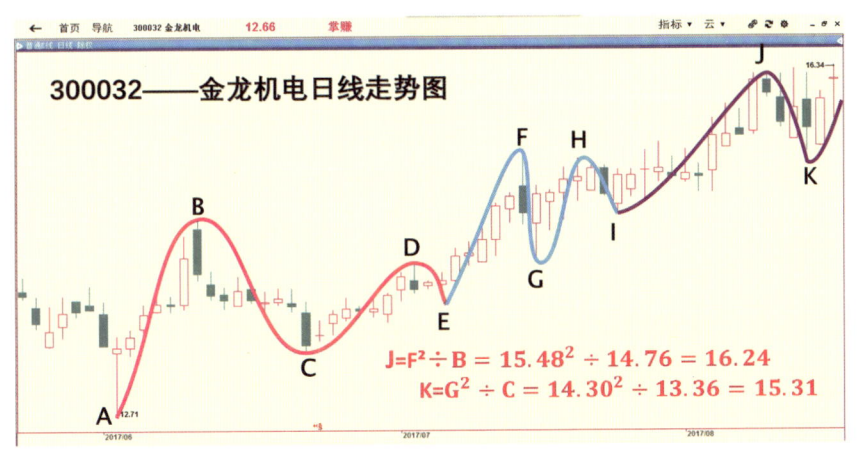

图 4.3.D　金龙机电日线走势图

如图 4.3.D 是 300032——金龙机电从 2017 年 5 月 22 日到 2017 年 8 月 16 日的日 K 线走势图，图中分别用粉色、蓝色和紫色标记了三个基础模型。

根据前文中提到的规律，在这三个基础模型中，存在着

$J=F^2\div B$ 的关系，那么当走势形成 F 点和 B 点之后，我们就可以对 J 点进行预测，已知 B 点为 2017 年 6 月 12 日最高价 14.76 元，F 点为 2017 年 7 月 14 日最高价 15.48 元，代入公式可求得 J 点的目标位为：

$$J=F^2\div B=15.48^2\div 14.76=16.24$$

在实际的走势中，股价于 2017 年 8 月 8 日出现 J 点为 16.27 元，与预测位仅相差 0.03 元。

除了 J 点之外，我们还可以提前预测 K 点，原理相同，根据公式 $K=G^2\div C$，当走势形成 G 点和 C 点之后就可以对 K 点进行预测，已知 C 点为 2017 年 6 月 22 日最低价 13.36 元，G 点为 2017 年 7 月 17 日最低价 14.30 元，代入公式可知：

$$K=G^2\div C=14.30^2\div 13.36=15.31$$

则 K 点的预测值为 15.31 元，在实际走势中，股价于 2017 年 8 月 14 日出现 K 点为 15.45 元，与预测位相差 0.14 元。

根据这样的规律，我们可以提前对走势中的点位做出预期。

第三种情况

实际上因为受到各方因素的影响，走势并不总是完全符合基础模型的标准，很多时候 A 点、C 点和 E 点，并不能连成一条线，当然，这种情况下公式也是可用的，但是当形态标准时，也就是 A 点、C 点和 E 点能够连成一条直线或者近似连成一条直线时，如果 A 点、C 点和 E 点的点位都确定，我们可以根据公式 $F=C^2\div A^2\times E$ 计算出 F 点的位置，而如果 A 点、C 点和 E 点不能够连成一条直线时，则直接用 A 点与 B 点的值代入公式计算 F 的目标位更加精确。

而相应的，在图 4.3.B 的表格中除 B 点之外所有与 F 点相对应的点位都可以用这种方法来计算，如：

当 E 点、G 点与 I 点呈一条直线时，$J=G^2\div E^2\times I$

当 I 点、K 点与 M 点呈一条直线时，$N=K^2 \div I^2 \times M$

当 M 点、O 点与 Q 点呈一条直线时，$R=O^2 \div M^2 \times Q$

当 S 点、Q 点与 U 点呈一条直线时，$V=S^2 \div Q^2 \times U$

我们来看一下实际走势中的案例，如下图所示。

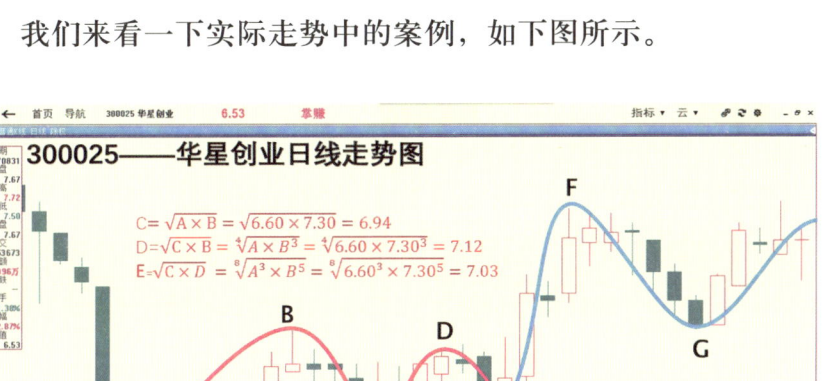

图 4.3.E 华星创业日线图

如图 4.3.E 是 300025——华星创业从 2017 年 7 月 10 日到 2017 年 8 月 31 日的日 K 线走势图，图中股价运行的走势符合初始模型的形态，并且 A 点、C 点与 E 点几乎在一条直线上。

已知 A 点为 2017 年 7 月 18 日最低价 6.60 元，B 点为 2017 年 7 月 28 日最高价 7.30 元，将 A 点与 B 点代入公式可以求得：

$$C=\sqrt{A \times B}=\sqrt{6.60 \times 7.30}=6.94$$

则 C 点的预测目标位为 6.94 元，在实际走势中，股价从高点 B 开始下跌 4 个交易日后出现低点 C（2017 年 8 月 3 日，最低价 6.93 元），预测值与实际值仅相差 0.01 元，可以说是非常精确了。

将 A 点与 B 点代入 D 点的公式可得：

$$D=\sqrt{C \times B}=\sqrt[4]{A \times B^3}=\sqrt[4]{6.60 \times 7.30^3}=7.12$$

则 D 点的预测目标位为 7.12 元，在实际走势中，股价从 C 点开始上涨 4 个交易日后出现高点 D（2017 年 8 月 9 日，最高价 7.24 元），预测值与实际值相差 0.12 元。

接下来将 A 点与 B 点代入 E 点的公式可得：

$$E=\sqrt{C \times D}=\sqrt[8]{A^3 \times B^5}=\sqrt[8]{6.60^3 \times 7.30^5}=7.03$$

已知 E 点的预测目标位为 7.03 元，在实际走势中，股价于 2017 年 8 月 11 日出现 E 点 6.97 元，预测值与实际值相差 0.06 元。

至此初始模型中的所有点位都已经计算出来了，因为 A 点、C 点与 E 点几乎在一条直线上，所以我们可以将这三个点的数据代入公式：

$$F=C^2 \div A^2 \times E$$

从而计算 F 点的目标位为 $F=C^2 \div A \times E=6.93^2 \div 6.60^2 \times 6.97=7.68$ 元，在实际的走势中，股价于 2017 年 8 月 16 日出现高点 F，实际值为 7.80 元，与预测值仅相差 0.12 元，而如果将 A 点与 B 点的值代入 F 点的求解公式，而如果将 A 点与 B 点的值代入 F 点的求解公式，可以得到 $F=\sqrt[8]{B^{13} \div A^5}=\sqrt[8]{7.30^{13} \div 6.60^5}=7.77$ 元，两种方法的预测值仅相差不到十分之一个点位。

以上，就是"遨游模型"的三种预测方式，但是不管是初始模型还是遨游模型，虽然其本身的实用价值也非常的高，但都只是神波区域模型的基础，下面我们回到主题，来看一下如何通过遨游模型来建立简化的神波区域模型。

在通过初始模型建立简化神波区域模型的时候，最关键的点位莫过于模型中的最高点 B，在进行初始模型叠加的时候，B 点对应的各个点位（如 F 点、J 点、N 点、R 点、V 点）也是叠加之后的图形中最突出的点，所以在通过初始模型的多次叠加建立完整的神波区域模型的时候，这些点位也有着重要的作用，如下图所示。

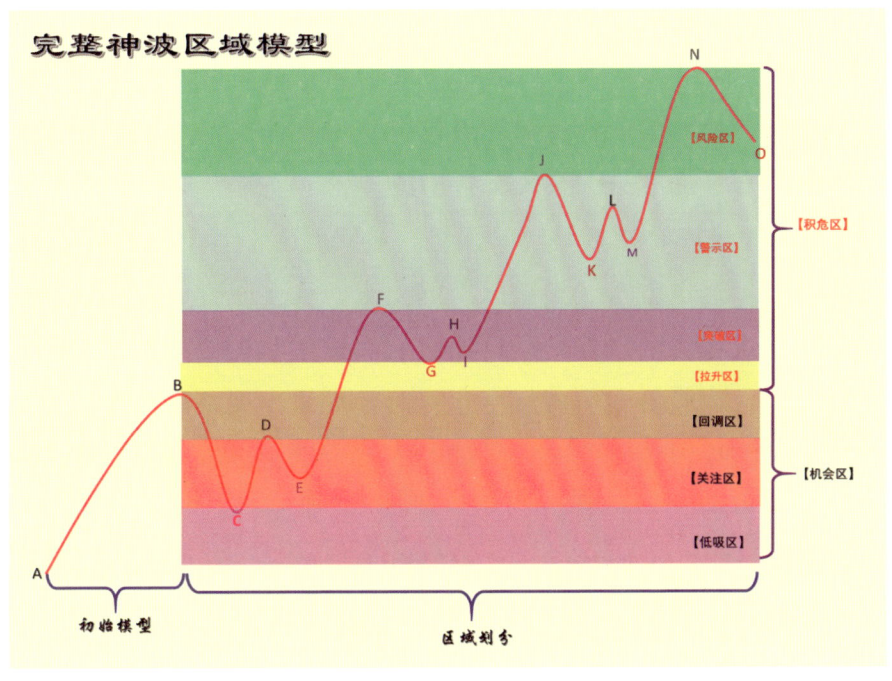

图 4.3.F　完整的神波区域模型建立示意图

图 4.3.F 是通过初始模型的多次叠加建立完整神波区域模型的示意图，图中可以看到，除了简化神波区域模型中出现的三个区域（不含"机会区"）之外，还有四个全新的区域，分别是"拉升区""突破区""警示区""风险区"，这四个区域共同构成了"积危区"。

这些区域的划分就要借助于图 4.3.B 中的初始模型多次叠加示意图了，前文中提到，与 B 点对应的点位在神波区域模型的建立中发挥着巨大的作用，可以看到"拉升区"是指 B 点与 G 点之间的区间；"突破区"是指 G 点与 F 点之间的区间；"警示区"是指 F 点与 J 点之间的区间；J 点以上的区间被称为"风险区"。

这里需要注意的是，在区域划分时没有涉及的点位，其预测位仍然能够提供支撑和压力位参考，其中机会区点位主要提供支撑位参考，积危区点位主要提供压力位参考（尤其是高于 F 点的

异级同构模型

点位）。

"拉升区"属于强势区域，一般价格进入拉升区时就是一次买入机会，而如果股价突破拉升区并上涨数个交易日后，则不宜买入，最好等待下一次买入机会出现。

只要股价或者指数足够的强势，最终就会沿着上涨趋势运行，形成突破，这也就是"突破区"的由来。许多研究者喜欢在价格突破时就进行买入，但是当价格进入突破区时需要尤其注意假突破的出现，当股价在突破区中运行时，如果出现突破重要压力位的情况时需要留意假突破的可能性，结合资金来辨别突破的有效性更佳。

"警示区"正如其名，是对投资者的警示，此时不建议有任何加仓操作，应以风险的防范为主，当遇到风险时，积极减少仓位。

"风险区"以控制风险和卖出为主，一旦股价出现滞涨或者明确的下跌以及趋势破位等弱势信号，都可以作为卖出信号，如果发现资金在流出或者量能减少也应该积极减仓。

"积危区"为"拉升区""突破区""警示区"和"风险区"的结合，与"机会区"相对应，当股价或指数在"机会区"运行时，应以把握机会为主，而"积危区"寓意随着股价或指数的上涨，风险也在逐渐的积累，投资者必须保持头脑的清醒，随时留意风险的来临。

也就是说，"机会区"更多的是为研究者提供买入机会的参考，而"积危区"则需要研究者更多地留意卖出的机会。

前文中多次提到，与简化神波区域模型相同，完整的神波区域模型同样分为两个部分，一部分是初始模型部分，也就是取点与计算的部分，另一部分是区域划分的部分，这两个部分在时间轴（横轴）上以 B 点为分界线。

通过对神波区域模型的论述和公式的推导，相信你也一定有所体会，所谓初始模型部分是指 A 点与 B 点，也就是作为模型中"已知条件"的部分，而区域划分部分则是通过对后市走势的预测划分出股价或指数在哪些位置的风险较大或者机会较大，这就是神波区域模型的本质。

掌握了这个本质，在实战中应用神波区域模型就会更加地得心应手。

神波区域的实战应用

下面我们来看一下完整的神波区域模型在实战中的应用，如下图所示。

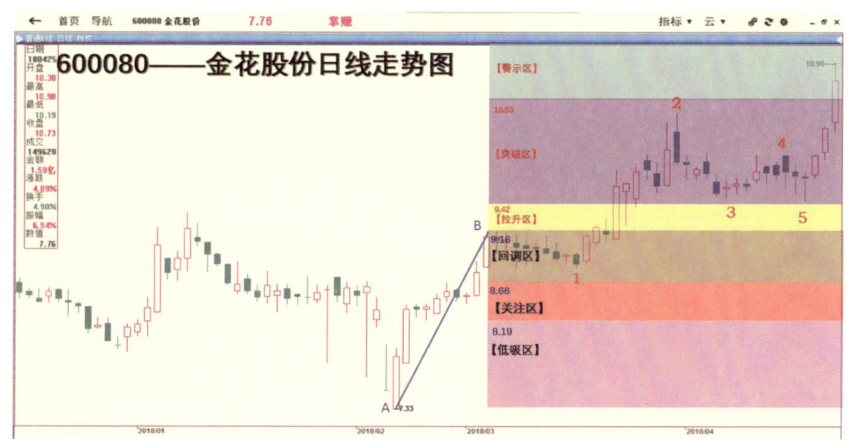

图 4.3.G　金花股份神波区域模型实战

图 4.3.G 是 600080——金花股份从 2017 年 12 月 14 日到 2018 年 4 月 25 日的日 K 线走势图（截至笔者选取此案例时，4 月 25 日尚未收盘，所以最终形成的 K 线形态可能会有所不同）。

图中隐去了叠加后的波动初始模型，但仍然保留作为已知条件的 A 点与 B 点。其中，起涨点 A 为 2018 年 2 月 13 日最低点 7.33 元，股价上涨 9 个交易日后出现高点 B 为 2018 年 3 月 5 日的最高点 9.16 元。

收集了必要的数据之后,我们就可以开始建立完整的神波区域模型了。首先是 C 点与 D 点的预期点位计算,根据前文中推导出的公式:

$$C=\sqrt{A\times B}$$

$$D=\sqrt{C\times B}=\sqrt[4]{A\times B^3}$$

通过这两个公式,以及作为已知条件的 A 点与 B 点的点位,我们可以计算出 C 点与 D 点的点位,也就是说,我们可以在 B 点出现之后就得出 A、B、C、D 四个点的点位,前文中提到,"回调区"是指 B 点与 D 点之间形成的区域;"关注区"是指 C 点与 D 点之间形成的区域;"低吸区"是指 C 点与 A 点之间形成的区域;"机会区"是指 A 点与 B 点之间形成的区域,那么我们可以根据计算出的 A、B、C、D 四个点划分出"机会区""低吸区""关注区"和"回调区"四个区域。

将 A=7.33 元和 B=9.16 元带入 C 点的计算公式可得:

$$C=\sqrt{A\times B}=\sqrt{7.33\times 9.16}=8.19\text{元}$$

那么我们可以得出 C 的价位为 8.19 元(计算结果保留小数点后两位,下同),将 A 与 B 的数据代入 D 的计算公式可得:

$$D=\sqrt[4]{A\times B^3}=\sqrt[4]{7.33\times 9.16^3}=8.66\text{元}$$

则我们可以知道 D 的价位为 8.66 元。至此,我们得到了本案例中 A、B、C、D 四个点位的具体数值,以此划分区域可知:

"回调区"的区间为 8.66 元到 9.16 元,其中 8.66 称为"回调区下轨",9.16 称为"回调区上轨";

"关注区"的区间为 8.19 元到 8.66 元,其中 8.19 称为"关注区下轨",8.66 称为"关注区上轨";

"低吸区"的区间为 7.33 元到 8.19 元,其中 7.33 称为"低吸区下轨",8.19 称为"低吸区上轨";

"机会区"的区间为 7.33 元到 9.16 元，其中 7.33 称为"机会区下轨"，9.16 称为"机会区上轨"。

接下来需要计算的是构成"积危区"的几个区间"拉升区""突破区""警示区"和"风险区"。根据图 4.3.F 中的模型，我们可以知道，"拉升区"是指 B 点到 G 点之间形成的区域；"突破区"是指 G 点到 F 点形成的区域；"警示区"是指 F 点到 J 点形成的区域；"风险区"是指 J 点到 N 点形成的区域；而"积危区"是指 B 点到 N 点形成的区域。

对以上五个区域的计算，涉及的点位分别是 B 点、G 点、F 点、J 点和 N 点，其中 B 点的价位已知，在图 4.3.B 中给出了多次叠加初始模型中所有点位的计算公式，则将 A＝7.33 元和 B＝9.16 元带入 G 点的计算公式可得：

$$G = \sqrt[8]{B^9 \div A} = \sqrt[8]{9.16^9 \div 7.33} = 9.42$$

那么我们可以得出 G 的价位为 9.42 元，将 A 与 B 的数据代入 F 的计算公式可得：

$$F = \sqrt[8]{B^{13} \div A^5} = \sqrt[8]{9.16^{13} \div 7.33^5} = 10.53$$

那么我们可以得出 F 的价位为 10.53 元，将 A 与 B 的数据代入 J 的计算公式可得：

$$J = \sqrt[4]{B^9 \div A^5} = \sqrt[4]{9.16^9 \div 7.33^5} = 12.10$$

那么我们可以得出 J 的价位为 12.10 元，将 A 与 B 的数据代入 N 的计算公式可得：

$$N = \sqrt[8]{B^{23} \div A^{15}} = \sqrt[8]{9.16^{23} \div 7.33^{15}} = 13.91$$

至此，我们得到了本案例中 B、G、F、J、N 五个点位的具体数值，以此划分区域可知：

"拉升区"的区间为 9.16 元到 9.42 元，其中 9.16 称为"拉升区下轨"，9.42 称为"拉升区上轨"；

"突破区"的区间为 9.42 元到 10.53 元，其中 9.42 称为"突

破区下轨"，10.53 称为"突破区上轨"；

"警示区"的区间为10.53元到12.10元，其中10.53称为"警示区下轨"，12.10称为"警示区上轨"；

"风险区"的区间为12.10元到13.91元，其中12.10称为"风险区下轨"，13.91称为"风险区上轨"。

"积危区"的区间为9.16元到13.91元，其中9.16称为"积危区下轨"，13.91称为"积危区上轨"。

至此，整个完整的神波区域模型已经建立完成，当股价从B点开始下跌以后，就可以通过神波区域模型开始进行把握。

从图中可以看到，在实际的走势中，股价于2018年3月5日出现高点B之后开始下跌，进入回调区，在回调区回调了9个交易日之后出现低点1（2018年3月16日，8.78元），随后股价开始上涨，10个交易日内上涨0.95元，先后突破回调区和拉升区，最终上影线接近突破区上轨，出现高点2（2018年3月30日，10.38元），随后走势开始出现宽幅横盘震荡，在突破区与拉升区之间徘徊，期间有两次接近拉升区上轨（低点3，2018年4月10日，9.51元；低点5，2018年4月20日，9.47元），低点5出现之后股价开始连续3个交易日的大幅上涨，突破了突破区，进入警示区。

这个案例中的走势非常典型，整体来看，在这段走势中，股价在回调区回调，在拉升区迅速拉升，在突破区调整一番之后最终突破，当股价进入警示区，就需要研究者留意其中的风险了。

当股价在回调区出现回调时，回调区下轨的位置是重要的支撑位。如果结束回调的位置在回调区下轨之上，如本案例中所示，则说明走势较强；如果股价恰好在回调区下轨结束回调，则说明走势强度一般；如果股价跌破回调区之后才结束回调，则说明回调力度较弱。

一般来说，在实战中使用神波区域模型时，如果能判断整体趋势是上涨的，那么回调区的低点就是理想的入场点。

另外，神波区域模型中的买卖点参考位问题也是研究者需要重点研究的内容，一般来说，神波区域模型提供两种点位参考，一种是基于股价与区域上下轨之间的交互，另一种是基于股价与上下轨之外的其他点位之间的共振。

在本案例中，当股价从 B 点开始下跌，除了要留意回调区下轨之外，还要计算 E 点的位置，因为股价如果跌破了回调区下轨，有可能在 E 点的位置受到支撑，这种情况就属于点位的共振。而在实际走势中，股价在回调区下轨之上就发生转折，那么当股价正式突破回调区上轨时即为买入点，当股价进入拉升区之后，突破拉升区为买入点，跌破拉升区为卖出点。在突破区时，点 H 和 I 的位置需要提前计算出来作为点位的重要参考，而当走势以影线触及突破区上轨时需留意风险，影线触及突破区下轨时留意机会（但突破区不建议大量加仓）。前文中提到的"影线触及""点位触及"和"实体触及"三种情况都属于股价与上下轨之间的交互，触上轨受压，触下轨受支撑。

至于区间之间需要留意的点位，如下表所示。

	区间	区间中存在的可能共振的点位
积危区	风险区 (J-N)	O点、P点、Q点
	警示区 (F-J)	K点、L点、M点
	突破区 (G-F)	H点、I点
	拉升区 (B-G)	
机会区	回调区 (D-B)	
	关注区 (C-D)	E点
	低吸区 (A-C)	

图 4.3.H 各区间可能的共振点位表

图 4.3.H 是各区间可能的共振点位表（表格中忽略了多次叠加初始模型中 Q 点以后的走势，实际上 Q 点以后的走势也属于

异级同构模型

风险区之中,一般来说,股价不会涨到N点以上,但是凡事无绝对,当股价在风险区中横冲直撞的时候,就需要这些点位来提供判断的依据了),表中列举了各个区间中股价可能的共振点位,当股价达到这些区间时,需要计算出这些点位的具体位置,一旦股价在这些点位附近发生共振变盘,则研究者可以把握机会或者回避风险。

可以看到,可能出现共振点最多的区间是警示区和风险区,实际上,警示区和风险区都属于高危区域,当股价在这两个区域运行时,留意这些点位能够帮助研究者回避更多的风险。

总体来说,完整神波区域模型的核心理念是"逆势建仓,顺势减仓",因为在股市中总是"涨出来的风险,跌出来的机会",对于完整的神波区域模型而言,提供点位参考或者是判断上涨是否强势都不是其主要作用,在这两方面,四段五点模型或者台阶模型能够比它做得更好,而神波区域模型的主要作用和最大价值就是让研究者把握下跌中的机会,回避上涨中的风险,逆势操作,快人一步。

大部分投资者投资亏损就是因为一次性买入,下跌的时候,谁也不知道什么时候是底,把所有资产在一个点位一次性投入无疑是冒着巨大的风险。而通过神波区域模型,可以随着股价的下跌、机会的增大,在每一个可能的回调位置(实际上,每一个回调的位置都有可能转化为反转的起点)一步步地进行建仓,最终试探出股价的底部,既最大限度地把握了利润,同时也分摊了风险。

低吸区选股法

前文中提到的神波区域模型的用法主要有几个方面:

1. 提供支撑与压力的参考点位;
2. 根据股价或指数所处的区间判断当前的操作策略;

3．根据股价反弹的位置判断上涨是强势还是弱势，并预期上涨的幅度；

4．逆势操作，分步建仓，把握下跌中的机会，回避上涨中的风险。

实际上，除此之外，神波区域模型还有一个作用，就是选股。

当股价经过长时间的下跌之后，出现底部区域，此时价格的运行特点就是不再创新低，而是进行底部盘整。

如果当股价进入神波区域百日模型中的低吸区时，就代表着此时价格被低估，如果配合底部盘整的走势，则意味着股价很可能已经进入了跌无可跌的境地，此时中长线投资者可以考虑逢低买入，开始布局。

所以神波区域模型选股的方法有两个条件：

第一，股价处在神波区域百日模型中的低吸区；

第二，股价出现盘整走势。

选出走势符合这两个条件的个股，可以作为中长线的投资标的。因为这种选股方法需要关注走势在低吸区的运行，所以被称之为"低吸区选股法"。

在实战中使用低吸区选股法时需要注意三点：

第一，低吸区选股法选出来的股票只能确定大概率是底部，并不一定会马上启动，所以一方面需要做好止损，另一方面要明确此方法只适用于中长线投资的提前布局。

第二，低吸区选股法中涉及的低吸区要求必须是标准的神波区域百日模型中的低吸区，所谓标准的神波区域百日模型是指在日线图上，取当前交易日前100个交易日的走势（若当前交易日走势未走完则不包括当前交易日，若已经收盘则包括当前交易日），其中前50个交易日为"初始模型部分"，取这部分中的最低点为A点，最高点为B点，在后50个交易日走势中划分区域的模型。

第三，当建仓之后，若随着股价运行导致建仓位置的区间变化，则需提高警惕，一旦股价或者指数结束横盘向下跌破，则止损出局，但这种情况也可能意味着股价或指数结束横盘开始上涨。

初始模型的变式

在股市中，一个不容忽视的规律是"突破是上涨的关键"，在对道氏理论的研究中，人们认为走势不断地突破前期的高点才是健康的上涨趋势。

但是用来把握上涨走势的神波区域模型的初始模型（如图4.1.C）中，却并没有出现后期高点突破前期高点的情况，实际上，神波区域模型中初始模型的连续突破是体现在多次叠加后的初始模型（如图4.3.B）上的。

而神波区域模型的初始模型有一种变式，就是在非叠加的情况下就形成了后期高点突破前期高点的走势，遗憾的是，这种初始模型的变式无法用来建立神波区域模型，但这种变式本身可以提供预期高点的计算公式。如图所示：

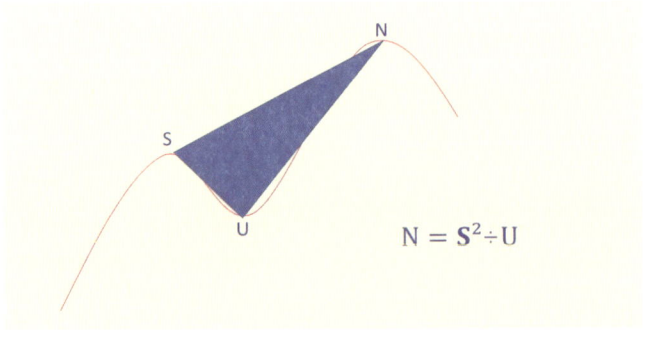

图 4.3.I　神波区域模型初始模型变式示意图

可以看到，在图 4.3.I 中，前期高点 S，回调低点 U 与后期高点 N 之间形成了一个三角形，这三个点之间的关系是：

$$N=S^2\div U$$

这一变式与上涨四段五点不谋而合，公式的推导也可以在模型理论系列丛书第一本《股市获利阶梯》中找到解答。除了对点位的预测之外，这里对三角形的应用是模型理论中重点研究的，关于三角形的研究，在本书后面的章节以及模型理论系列的下一本中都会有细致的论述，到时再回过头来解读这个模型与这个公式，就会变得更加容易。

股海拾贝

本章中涉及的知识点非常的多，研究的重点不同，可能取得的收获也不一样。有些知识可能会比较晦涩。如果你在阅读过程中遇到任何困难，不妨关注模型理论公众号（扫描书后二维码即可），给我留言。

我的"贝壳"陈列馆：
1. 神波区域模型的五大作用及其各自的注意事项
2. 神波区域模型的九大区间及其含义
3. 简化神波区域模型与完整神波区域模型的区别
4.
5.
6.

扫码观看《模型理论》讲解视频
解决学习、应用模型理论中的一系列问题

第五章　对均线的优化

导读——引导的神奇之处

对于技术分析研究者来说,移动平均线实在是再熟悉不过了。

然而对于大多数投资者来说,移动平均线处于一个比较尴尬的地位。

你对移动平均线熟悉么?熟悉;

移动平均线神奇么?神奇;

凭借移动平均线获利容易么?不容易。

造成这种现状的原因只有一个——大多数投资者都不清楚移动平均线中的引导位为何物。

第一节　重新认识均线

移动平均线是统计从（在我们研究的股价运动中的）波动中选出一定的项数计算所得一系列的平均数，来将股价变动进行平滑处理的方法。所以，一条移动平均线要依赖于观察此类波动所使用的时间周期，如每小时的、每天的、每周的和每月的价格运动。

在技术分析领域，研究者们通常把移动平均线应用于价格趋势上，在某些情况下还会应用于成交量上，其被赋予的最大期望是能够解决第二章中我们提到的一个问题——如何把握操作的时机。

所以对于技术分析研究者来说，移动平均线主要有三个作用：

1．判断当前趋势的方向；

2．判断趋势的反转；

3．平滑一些股价或者成交量的小级别波动，以免影响研究者对市场的判断。

需要特别强调的是，移动平均线是有适用范围的，这一点是研究者在使用移动平均线之前必须要明确的。

移动平均线在实战中的价值更多体现在单边走势中，在横盘运动中移动平均线将无法给研究者提供任何有价值的参考。

此外，在绘制移动平均线的时候，大多数情况下都采用股票的收盘价，而不是代表波动范围的价格。

均线与周期

知道了移动平均线的定义，了解了它的主要作用，也清楚了

异级同构模型

它的适用范围等注意事项，你就可以初步在市场中使用移动平均线了。

但是，此时的情况就好像在本章导语中写到的三个问答一样，移动平均线足够神奇，但研究者却并不能轻易地通过它来获利。

其实在实战中，想要用好移动平均线还是有一些诀窍的。

前文中提到，一条移动平均线要依赖于观察此类波动所使用的时间周期，如每小时的，每天的，每周的和每月的价格运动。

时间周期对于移动平均线来说是非常重要的，在实战中，研究者们发现同样的移动平均线在不同的周期中表现完全不同。因为观测的周期一般都是固定的，所以研究者们试图通过对于均线的调整来达到优化移动平均线的效果。

经过反复的验证和测算，笔者发现每个周期都有最佳的获利均线。

比如在研判短期趋势时，研究者最好使用21小时移动平均线；如果你想要研究中期趋势的话，建议使用28日移动平均线；对长期趋势的把握可以使用125日移动平均线来进行。

借助工具的话，这些移动平均线并不难绘制，研究者甚至只需要在软件上输入你想要多少日的移动平均线，电脑就会自动为您绘制出移动平均线。

唯一的难点在于分析短期趋势时使用的21小时移动平均线。因为有些软件不支持1日以下的移动平均线绘制，鉴于移动平均线在短期走势的分析中价值最低，故而不建议在短期走势上使用。

如果研究者觉得有必要在短期趋势上使用，同时又没有精力自行绘制21小时移动平均线的话，可以考虑寻找一种支持绘制小时级别移动平均线的软件工具。

不同周期与移动平均线之间的搭配需要研究者牢记，其在实战中的价值远不止本节中揭示的这么简单，在后面的内容中，你将可以发现它更大的价值。

移动平均线与周期的配合仅仅属于简单的小技巧，学会了之后，掌握起来也很简单，但是运用移动平均线的规律并非全都如此简单。

"把走势拉直"

在理想条件下，即市场的运行在时间和幅度上都展现出周期性的规律，那么你就会发现当你绘制一条移动平均线时，图表上最终显示的是一条直线（注意是直线而非水平线）。

但是股价运动中，连续的周期性规律运动只是一种理想状态，而且两个周期性股价运动罕有非常相似的。所以在实际的走势中，研究者们会发现没有一条应用在股价趋势中的移动平均线是直线。

然而，移动平均线的作用之一就是平滑掉小级别的无用波动，所以一定时间的选择经常会得到一条线，它远比实际价格波动更平滑笔直。

所以从某种意义上说，移动平均线的作用就是尽量把走势变成一条直线，这样判断趋势和获得利润会更容易。

想要运用移动平均线把走势拉直，有两个点是需要注意的：

第一，短周期小级别的波动必须要尽可能地平滑处理或消除掉。这需要调整建立移动平均线时的项数或者价格（即选择几日的移动平均线，具体的体现就是前文中根据周期调整移动平均线的方法）。

第二，必须有移动平均线提前于基本数据来标绘以保证最多利润确定的天数。这么描述可能会让一些研究者难以理解，简单来说，就是我们要引入一个叫作"均线引导"的概念，来保证移动平均线能够让研究者们更容易地在股市中获取收益。

所以想要真正地用好移动平均线，我们对它的认识必须被"颠覆"。

第二节　对均线认知的"颠覆"

将移动平均线运用到股市中必须要面对的一个问题就是如何让利润最大化，当技术分析者们深入研究这个问题的时候，"均线引导"的概念就诞生了。

众所周知的是，相比于股价的实际走势，移动平均线存在着一定的滞后性，这一点在很大程度上影响了移动平均线在实战中的价值。

移动平均线的这种滞后性在股市中的体现不像其他的指标那样更多地体现在转折点上，而是体现在单边的走势中。比如在上升的走势中，当前的股价往往在移动平均线之上，而在下降的走势中，当前的股价往往在移动平均线之下。

实际上移动平均线的理想运行模式应该是像在横盘走势中一样，在走势的波动中间运行——遗憾的是，移动平均线在横盘走势中几乎毫无分析的价值。

而因为在单边走势中存在着这种滞后性，会造成技术分析研究者对股价变化研判的滞后。以上升走势为例，因为在上升走势中，股价在移动平均线之上运行，所以当股价发生转折时，触及移动平均线就需要一段额外的运行时间（也就是卖出点会滞后），而这段时间将会让投资者的利益持续损失，在下跌走势中也是如此，这种滞后性会让投资者的买入点滞后，因而错过一部分利润。

正因为移动平均线有这种滞后性，所以需要一点点"引导"。

"引导"意味着"提前"，研究者们通过这种"提前"来解决移动平均线的滞后性问题，以期获得最大化的利润。

既然是提前，那么这种引导就更多地体现在"时间"这一要素上。

时间是技术分析四大要素之一。在第三章中研究图表的绘制时，我们探讨过股价走势图中关于"时间"这一要素的表现方式（即横轴），那么引导的形式也就确定了——让移动平均线在股价走势图中向右侧横移。

我们称这样的移动平均线为"均线引导"。

均线引导的相关概念及其衍生应用

随着均线引导这一概念的提出，一系列关乎实战的问题接踵而来。

比如选用几日的移动平均线？移动平均线应该在时间轴上移动多长时间？均线引导的使用方法与移动平均线有何异同？

为了容易理解，我们首先引入几个概念，第一个概念是引导位。

前文中提到，均线引导这一过程实际上是让移动平均线在股价的走势图中向右侧横移，那么横移的幅度有多大（也就是移动平均线应该在时间轴上移动多长时间），就是一个需要注意的问题。

此时需要引入引导位这一概念，其定义为：移动平均线在时间轴上向右移动的时间长度，称为"引导位"。

异级同构模型

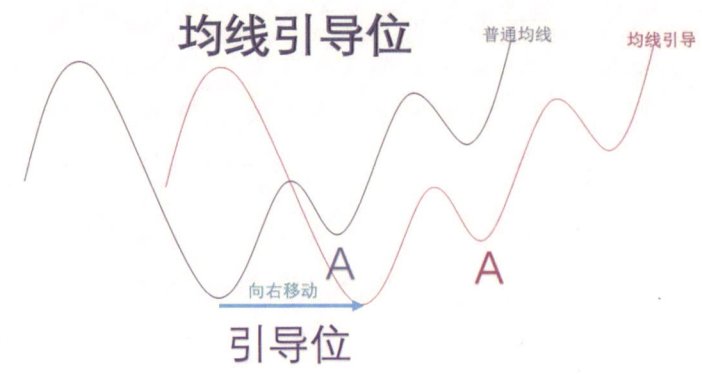

图 5.2.A 均线引导位示意图

如图 5.2.A 所示,图中蓝色曲线代表最初的移动平均线,粉色曲线是蓝色曲线向右移动之后的状态,也就是所谓的"均线引导"(图中蓝色字母 A 与粉色字母 A 分别是同一个点在移动前和移动后的状态)。

所谓引导位,简单来说就是图中蓝色曲线移动到红色曲线时移动的长度,也就是蓝色字母 A 与粉色字母 A 之间间隔的时间长度。

这里需要注意的是,因为引导位本质上是一段时间长度,所以其单位是时间单位。

那么在实战中,引导位一般为多少才合适呢?

想要解答这个问题,我们首先要了解第二个概念——均线级别。

在实战中使用移动平均线时,研究者们会根据研究周期的不同而选择不同的项数来计算移动平均线,比如在前文中提到的,分析短期走势时一般选用 21 小时移动平均线;研究中期趋势时,选用 28 日移动平均线;研究长期趋势时选用 125 日移动平均线。

而这些"21 小时""28 日"等时间长度就是移动平均线的均线级别。

在使用均线时选择合适的均线级别是非常重要的，前文中提到不同级别走势所对应的最合适的均线级别，许多投资者认为日线走势属于短期趋势，所以在日线图上使用移动平均线时应该选择 21 小时移动平均线——这种想法是错误的。

虽然多数情况下日线级别的走势属于短期，但在移动平均线的研究中，人们发现将日线走势视为中期趋势可以获得更高的准确率，所以在日线图上使用移动平均线时应该选择 28 日移动平均线。

如下图：

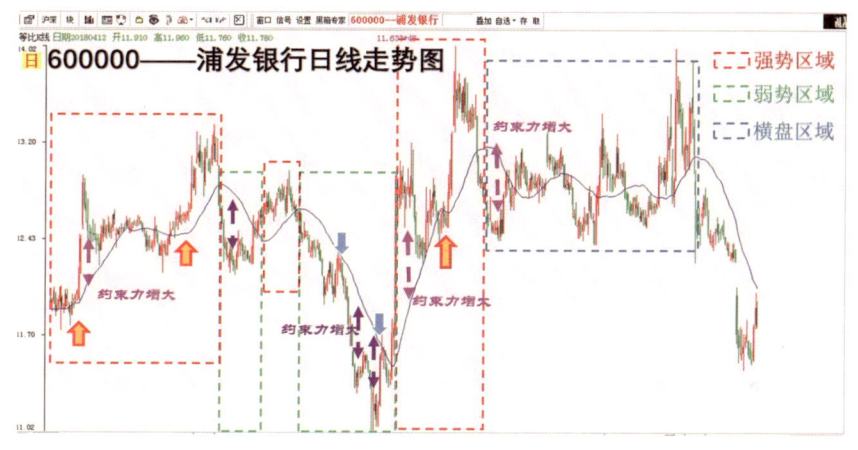

图 5.2.B 28 日均线在日线走势图上的应用

图 5.2.B 是 600000——浦发银行从 2016 年 7 月 19 日到 2018 年 4 月 13 日的日 K 线走势图，图中蓝色曲线即为 28 日移动平均线。

从图中可以看到，走势被三种颜色的虚线框分别标记出不同的走势区域，其中红色虚线框标记的是强势区域，绿色虚线框标记的是弱势区域，蓝色虚线框标记的是横盘区域。

可以看到，在强势区域中，股价在 28 日移动平均线之上运行，

异级同构模型

当股价跌破 28 日移动平均线时就转为弱势区域，而当走势与移动平均线都不再表示出明确的方向性，且股价走势频繁地跌破或突破移动平均线时，即为横盘区域。

这是移动平均线的第一个作用，判断走势的强弱。

移动平均线的第二个作用就是提供支撑和压力位的参考，如图中箭头处所示，图中黄色红边箭头标记处均为 28 日移动平均线对股价产生支撑作用的情况，而蓝色箭头标识处均为 28 日移动平均线对股价产生压力作用的情况。可以看到，移动平均线在强势区域主要体现支撑作用，在弱势区域主要体现压力作用。

移动平均线的最后一个作用就是对股价的约束作用，简单来说，就是在上涨走势中，股价离移动平均线越远，则代表走势越强势，但同时移动平均线对股价的约束力越强，在约束力的作用下，股价会倾向于向着移动平均线的方向运行。如图中三处粉色双向虚线箭头处标识的走势，在上涨运动中，股价与 28 日移动平均线之间距离加大之后会受到约束力向着趋势线运行（进行下跌）。

相应的，在下跌走势中，股价离移动平均线越远，则代表走势越弱势，同时移动平均线对股价的约束力越强，在约束力的作用下，股价会倾向于向着移动平均线的方向运行。如图中三处紫色双向虚线箭头处标识的走势，在下跌运动中股价与 28 日移动平均线之间距离加大之后会受到约束力向着趋势线运行（开始上涨）。

这一规律在实战中（指国内股市）主要用来在上涨走势中进行风险的防范，有时也用来发掘机会。在可以做空的市场中，可以发挥更加多样化的作用。但这一规律只是一种倾向性，缺乏明确的标准来判断股价何时会发生变化。

以上是以日线图上的 28 日移动平均线为案例，阐述了移动平均线的基础应用方式。了解了这些内容之后，接下来我们就可以开始着手解决前文中提到的问题——引导位一般为多少才合适呢？

如下图：

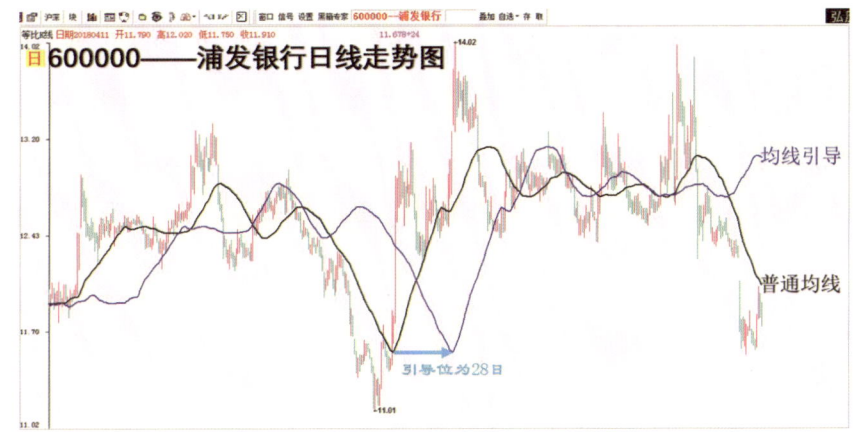

图 5.2.C　均线引导在日线图上的应用

图 5.2.C 同样是 600000——浦发银行从 2016 年 7 月 19 日到 2018 年 4 月 13 日的日 K 线走势图，因为是日线图，所以图中黑色曲线为 28 日移动平均线，而图中蓝色曲线即为均线引导。

可以看到，图中蓝色曲线明显是由黑色曲线向右横移得到的（如图中青色箭头所示），那么横移的幅度，或者说这根 28 日移动平均线在时间轴上横移的时长是多少呢？——是 28 个交易日。

因为在同一个均线引导中，最小引导位会与均线级别趋同。也就是说，如果我选择的是 28 日移动平均线分析日线图，那么在绘制均线引导时引导位就是 28 个交易日；如果选择 125 日移动平均线分析月线图，那么在绘制均线引导时的引导位就是 125 个交易日；甚至如果我不采用短期趋势中最适合的均线级别，在日线图上使用 30 日移动均线，在绘制均线引导时的引导位就是

30个交易日。在同一个均线引导中，最小引导位与均线级别是趋同的（之所以此处用趋同而非相同，是因为真正专业的研究者在使用这一规律时，引导位与均线级别会略有差异，这种微小的差异将极大地提高均线引导的准确性，在后文中我会详细为大家介绍这种差异的价值以及由来）。

这里需要注意的是，与均线级别趋同的是一个均线引导中的最小引导位，一般来说，最小引导位也是用途最广泛的引导位，但是在进行更高阶的均线引导应用时，会使用其他的引导位，这部分内容我们将在后文中详细探讨。

那么绘制出均线引导之后，它又能够发挥出什么样的作用呢？如下图：

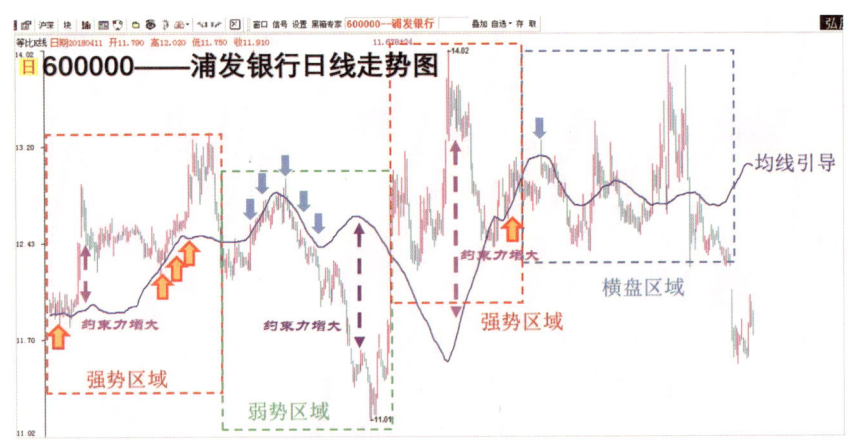

图 5.2.D　均线引导的作用

如图 5.2.D，同样是 600000——浦发银行中的这段走势，只不过这次我们排除掉普通均线，只用均线引导，我们来看一下均线引导与走势之间的关系。

从图中可以看到，走势被四个虚线框分别标记出不同的走势区域，其中红色虚线框标记的是两个强势区域，绿色虚线框标记的是弱势区域，蓝色虚线框标记的是横盘区域。

可以看到，在强势区域中，股价在均线引导之上运行；而在弱势区域中，股价在均线引导之下运行。同样，当走势与移动平均线都不再表示出明确的方向性，且股价走势频繁地跌破或突破移动平均线时，为横盘区域。

所以均线引导也同样可以用来判断走势的强弱，并且通过对比图5.2.B与图5.2.D中的案例我们发现，均线引导对走势强弱的判断更加准确，强势与弱势区域更加稳定，不会出现强弱势区域频繁变动的情况。

图中可以看到，在黄色红边箭头标记处，股价受到均线引导的支撑作用而发生上涨，在蓝色箭头标识处，股价受到均线引导的压力作用而发生下跌，所以均线引导同样可以为走势提供支撑和压力位的参考，并且均线引导更加贴合股价的走势，支撑和压力作用都相对明显。

与移动趋势线相同的是，均线引导在强势区域主要体现支撑作用，在弱势区域主要体现压力作用。

有趣的是，似乎均线引导继承了普通均线的所有"功能"，它对股价同样有约束作用，在上涨走势中，股价离均线引导越远，则代表走势越强势，但同时均线引导对股价的约束力越强，在约束力的作用下，股价会倾向于向着均线引导的方向运行。如图中两处粉色双向虚线箭头处标识的走势，在上涨运动中股价与均线引导之间距离加大之后会受到约束力向着均线引导的方向运行（进行下跌）。

相应的，在下跌走势中，股价离均线引导越远，则代表走势越弱势，同时均线引导对股价的约束力越强。在约束力的作用下，股价会倾向于向着均线引导的方向运行，如图中紫色双向虚线箭头处标识的走势，在下跌运动中股价与均线引导之间距离加大之

后会受到约束力向着均线引导的方向运行（开始上涨）。

与移动平均线相同的是，均线引导对股价的约束作用只是一种倾向性，缺乏明确的标准来判断股价何时会发生变化。

所以这一规律更多地用于确认对于股价转折点的预测或者评估当前的市场风险。

可以看到，均线引导同样拥有普通均线的三个作用，并且由于引导的关系，在判断走势上的表现似乎比普通均线更好。

均线引导与普通均线的交叉点

如果均线引导的价值仅止于对普通均线功能上的一些优化的话，那也就不值得我们花这么大的篇幅来进行研究了。

实际上与普通均线相比，均线引导的优势在于能够规避横盘，并且保证利润的最大化。

众所周知，移动平均线实际上也是趋势线的一种（实际上，移动平均线的意义应该是移动的趋势线，而不是现在主流研究者认为的移动平均成本线），只适用于单边走势之中，当股价处于横盘走势时很难操作（如本章中列举的移动平均线的三大作用，除了对股价的约束力之外，在横盘走势中都毫无作用）。

相比之下，均线引导除了在移动平均线原有的作用之上做优化之外，在横盘走势中也有出色的表现，甚至能够提前对转折的点位进行预测，那么这一作用是如何实现的呢？我们来看下面的案例：

图5.2.E是1A0001——上证指数从2017年11月14日到2018年4月13日的日K线走势图，图中黑色曲线为28日移动平均线，蓝色曲线为基于这根移动平均线平移最小引导位形成的均线引导，可以看到两根曲线平滑运行，在图中形成了三个交点。

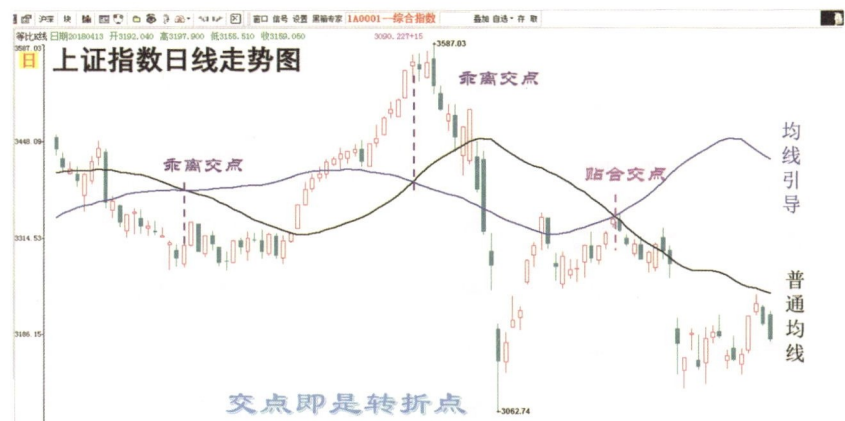

图 5.2.E　交点即是转折点

图中的三个交点用虚线进行了标识,可以看到,每当普通均线与均线引导相交,相交的位置都是指数发生转折的位置。

如图,普通均线与均线引导第一次相交(即左起第一处交点)的位置是 2017 年 12 月 8 日,恰是这段走势的底部区域,指数在交点出现之后立即开始了小幅拉升,短暂调整之后更是开启了 2018 年年初的一大波上涨行情。

在指数上涨的途中,蓝黑两条曲线再次相交,随后指数开始震荡,三个交易日后出现高点,开始大幅下跌。指数一路下跌直到出现低点 3062.74 点之后开始上涨,上涨途中两线再次相交,交点为 2018 年 3 月 12 日,次日指数创出新高后收阴,拉开了本轮调整的序幕。

正如图 5.2.E 所示,普通均线与均线引导的交点即是转折点。这里需要注意的是,交点的出现往往意味着转折正在发生或者转折临近(转折临近意味着不会立刻发生转折,而是会在短期内发生转折),具体转折的方向要根据股价或者指数当前的走势方向进行确定。

普通的趋势线只能追随价格,不能买卖交易,而均线引导因

异级同构模型

为有了这一作用,甚至可以作为判断买卖点的依据,移动平均线经过简单的引导之后,对于研究者的价值就大大地增加了。

相信细心的读者已经发现了,在图5.2.E中用粉色和紫色两种颜色的虚线对普通均线与均线引导的交点进行了区分。

其实普通均线与均线引导的交点分为两种,这两种交点各自有其不同的含义。图中粉色虚线标记的交点称为贴合交点,而紫色虚线标记的交点称为乖离交点。

若普通均线与均线引导的走势正在向远离两条曲线的方向运行时相交,此时出现的交点称为乖离交点,如图中两处紫色虚线标识。

乖离交点的出现往往伴随着走势的中期以上级别的转折(尤其是当交点位置与股价当前位置距离较远时)。

若普通均线与均线引导的走势正在向接近两条曲线的方向运行时相交,此时出现的交点称为贴合交点,如图中粉色虚线标识。

贴合交点出现时,普通均线与均线引导往往会起到较为明显的支撑或者压力作用,在走势图中的表现就是股价的走势往往会沿着两条线的轨迹运行,如图5.2.E中的贴合交点前后,股价的运行方式几乎和普通均线与均线引导完全相同。

一般来说,乖离交点之后的股价运动幅度大,而贴合交点之后的股价运动幅度小。

第三节 引导均线与均线引导

也许你已经发现,利用均线引导和普通均线的交点判断转折点的方法存在着一些缺陷，其中最明显的就是有一些转折点是无法把握的，有时会错过一些重要的转折点，比如图5.2.E的案例中重要的低点3062.74点就没有把握到。

我一直尝试弥补这一缺陷，直到最近我通过一种最初被放弃的思路对均线引导又做了一次优化。

在最初的时候，移动平均线的引导采取的是另外一种思路——也就是通过移动平均线的再次平滑来对移动平均线进行再次引导，简而言之，就是移动平均线的移动平均线。

众所周知，移动平均线是对走势的平滑，最终形成的曲线高点与低点的出现相比于实际的走势会晚一些，那么如果在移动平均线的基础上，再次做移动平均线（具体方法为：移动平均线是取走势中收盘价数据计算平均值连接成线，再次移动平均线是取移动平均线上的值作为数据计算平均值连接成线），由于这种思路是"均线引导"的副产品，所以将这种移动平均线的移动平均线称之为"引导均线"。

后来在实战中发现，与这种将走势再次平滑的思路相比，直接平移均线的思路较为简单并且实用性较强，所以就采用了现在的思路，但是随着研究的深入，原来的老思路为我们提供了许多新的创意。

比如研究"引导均线与初始的移动平均线之间的交点是否对股价走势有预测作用"这一课题，以及更进一步的研究。众所周知，两根曲线只会有一种交点，而三根曲线却会产生三种交点。那么如果将移动平均线、引导均线以及均线引导三种曲线放到同一张走势图上，会有什么样的效果呢？

三条曲线的相交无疑会产生更多的交点，如果这三种交点都能够为研究者提供走势转折点位的参考的话，就在很大程度上解决了"利用均线引导和移动平均线交点研判走势会错过一些重要转折点"的问题（虽然不可避免地还是会漏掉一些，但是增加了两倍的转折点参考之后，研究者错过重要点位的可能性无疑大大降低了）。

我们来看一下实际走势中的案例，如下图所示。

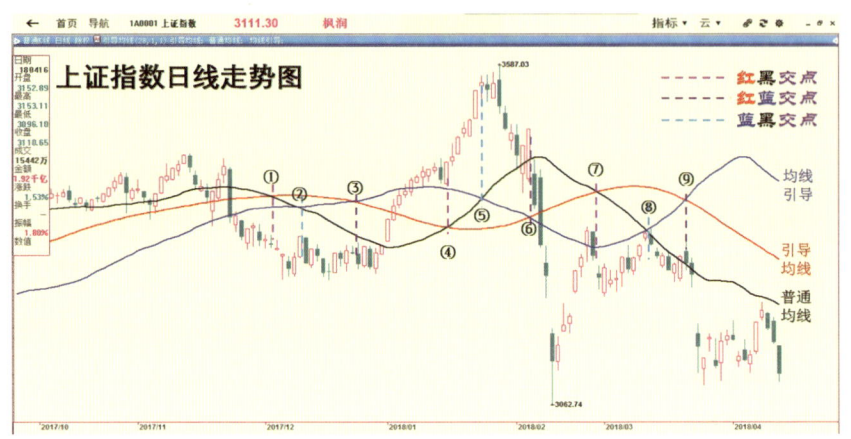

图 5.3.A　三组曲线的交点研究

图 5.3.A 是 1A0001——上证指数从 2017 年 10 月 11 日到 2018 年 4 月 16 日的日 K 线走势图。图中黑色曲线为 28 日移动平均线，蓝色曲线为基于这根移动平均线平移最小引导位形成的均线引导，红色曲线为基于 28 日移动平均线再次进行平滑的均线，即引导均线，可以看到三根曲线平滑运行，在图中形成了九个交点，分别用三种颜色的虚线标识，编号为①到⑨。

首先我们来研究前文中提出的"引导均线与初始的移动平均线之间的交点是否对股价走势有预测作用"这一课题。

图中引导均线为红色，初始移动平均线为黑色，根据右上角的图例，两者的交点在图中用粉色虚线标识。

可以看到，图中共有三处粉色虚线标识的交点，分别是交点①、交点④、交点⑦，其中指数在交点①出现 3 个交易日后出现低点，而交点⑦出现的位置恰好是指数开始调整的时候，对应着一个次高点，交点④则出现在指数短期回调的结束点。

至此我们可以初步推断，引导均线与初始移动平均线之间的交点可能对判断股价走势的转折有参考作用，接下来就需要大量的取证，以证明两者的交点确实可以用来预测转折。

通过大量的数据，我们可以确认引导均线与初始的移动平均线之间的交点可以预测股价走势的转折（具体证明过程就不一一列举了，仅仅是简单枯燥的大量实战案例）。

既然引导均线与初始移动平均线之间的交点是有意义的，那么引入引导均线之后出现的第三种交点——引导均线与均线引导之间的交点是否对股价走势的转折有预测意义呢？

在图 5.3.A 中，引导均线为红色，均线引导为蓝色，那么根据图中右上角的图例，两者的交点在图中用紫色虚线标识。

可以看到，图中紫色虚线标识的交点共有三处，分别是交点③、交点⑥和交点⑨，其中在交点③对应位置，指数出现一个次低点，且 3 个交易日后指数出现低点，开始上涨；而交点⑥出现在指数大幅急跌之后报复性反弹高点的位置，次日指数即回到了下跌走势之中，交点⑨也对应着指数下跌反弹的高点。

这三处交点都正对着指数转折的位置，我们同样可以初步推测"引导均线与均线引导之间的交点对股价走势的转折有预测意义"。

随后通过数据证明这条规律，那么我们可以知道图 5.3.A 中三条曲线之间的任意交点都可以预测指数的转折，并且本案例与图 5.2.E 中的案例对比，两张图上面体现的几乎是同一段走势，但是图 5.2.E 中的案例走势图上，均线引导和初始移动平均线只有三个交点，漏过了很多转折点，而图 5.3.A 中的案例走势图上增加了一条引导均线，三条曲线之间的交点增加到九个之多，这

异级同构模型

样漏掉关键转折点的概率就大大减小了。

接下来请允许我占用一些篇幅来为大家分享一种小技巧，这种技巧我称之为"短期差异化规律"。

通过对走势的观察，我发现在近期的上证指数走势中，引导均线与初始移动平均线之间的交点在预测低点转折时往往会提前，预测高点转折时较为准确；引导均线与均线引导的交点则在预测高点转折时往往出现提前或者滞后，预测低点时比较准确；均线引导与初始移动平均线之间的交点则在单边走势中准确度较高，有时会稍有滞后，而在横盘走势中准确率欠佳。

通过观察，我们发现，这种规律根据个股的差别而不同，并且具有时效性，也就是说，这三条线在不同的个股上会表现出不同的倾向性，并且这种倾向性随着时间的推移还可能会发生变化，幸运的是，产生变化的时间一般都是以年为单位，所以研究此类规律对于投资者研判股市还是有相当的意义的。

因为这一规律的这种性质，所以我称这一规律为"短期差异化规律"，这种规律在某些个股上会体现得非常明显。研究者可以利用这种规律更好地获取收益，当然，如果你在自己关注的个股近期的走势中没有发现明显的倾向性，也没必要强求，如果因为主观原因造成损失，未免不美。

"曲线组"的用法

在对于均线的研究中，诞生了一种特殊的分析股价走势的方式——均线组，大家耳熟能详的金叉和死叉也是来源于此，曾经这种方法也是技术分析师们重点研究的对象。

从某种角度来说，本章中涉及的三条曲线与传统的均线组有不少的相似性，比如都可以判断趋势方向，都对走势有支撑和压力作用，交点也都是研究的重点。

所以传统"均线组"的一些用法也可以引进我们的"曲线组"中，比如当引导均线、均线引导和初始移动平均线的运行方向都是向上的时候，说明市场处于上涨阶段；如果这三条曲线的运行方向都是向下的，则说明当前市场处于下跌趋势。

股海拾贝

自由地对均线进行引导

前文中提到，最专业的研究者在实战中使用均线引导律时，引导位与均线级别会略有差异，这种微小的差异将极大地提高均线引导的准确性。

在前文所有案例中，日线图上使用的都是28日移动平均线向右横移28个交易日作为均线引导，在不同的K线级别上都提供了一个引导位与均线级别。实际上在最专业的研究者眼中，即使是同一级别中，引导位与均线级别这两个数据也并非是一成不变的，在不同的个股上选择最优的数据，才更容易让自己的利益最大化。

实际上经笔者测算，在大盘上一种比较合适的引导位数据与均线级别搭配，是将28日移动平均线向右平移31个交易日。

确定引导位与均线级别的两种思路

第一种，选择合适的均线级别，之后将均线向右平移等同于其级别的时间长度，也就是引导位等于均线级别，这种思路一般适用于对指数的分析。

第二种思路多用于对个股的分析，就是根据这只个股的股性，选择自己认为最合适的均线级别，然后通过该个股近期的走势调整引导位（通过走势调整引导位的具体方法非常简单，就是通过调整引导位，使三条曲线的交点与已知走势中的转折点尽可能地对齐，当过去的走势中转折点对应三条曲线交点的时候，以后的走势中转折点与交点的对应也会更加整齐）。

　　本章中的"贝壳"众多，我就不一一列举了，各位可以在阅读后将自己的收获列在下面。

　　我的"贝壳"陈列馆：

　　1.

　　2.

　　3.

　　4.

　　5.

　　6.

　　7.

　　8.

第六章　形态的奥秘

异级同构模型

导读——研究市场运动的两个方向

在技术分析中,对于市场运动的研究衍生出了两个方向,一个方向是对于市场运动规律的研究,另一个方向是关于市场中走势的形态的研究。

在第二章中,我们探讨了关于运动的研究,那么在本章,我们来从形态的角度尝试了解市场。

第一节　三种形态

股市中的形态是如此的多样：双顶、双底、圆弧顶、圆弧底、头肩顶、头肩底、岛形反转、三角形态、菱形转折、旗形转折等等。从需要数十根 K 线才能形成的转折形态，到仅需两根 K 线就能预期走势的 K 线组合，对股市中形态的研究往往不是投资者赖以获益的支柱，但却是大多数研究者初涉技术分析时学习的第一个课题。

当然，很少有投资者在此课题上深入研究，据我所见就有不少股市初学者仅仅学会了 K 线组合就踌躇满志，迫不及待地开始入市操作。

一般来说，最终这些性急的家伙都会在不断地亏损中开始怀疑形态的准确性。股市形态学是一门"古老"的学问，因而庄家对此更有研究，骗线也往往做得非常逼真。

所以现在用形态判断走势变化的方法就处在了一个比较尴尬的位置：广为人知的形态容易失效，不为人知的少有流传。简而言之，对于大众投资者来说，你知道的形态都不好用，而好用的形态你又不知道。最可怕的是，当你遇到一种新的形态，你甚至无从判断它好不好用。

所以在运用股市形态学的时候请记住两个宗旨：第一，依据形态做出的判断更加适用于对市场走势轮廓的分析而非精准的点位预测；第二，根据形态判断反转的时候，最好配合量能变化以回避主力的骗线行为。

异级同构模型

正如道氏理论中的观点，短期走势会被操控，长期趋势不可操控。对于研究者来说，学习形态更重要的是分析走势的变化，判断转折的位置反而是次要的作用。

当然，并不是说股市中的形态就不能用来判断转折，只要形态所涵盖的走势足够长，其判断还是非常具有参考意义的，但是并不是所有的形态都能涵盖足够长的走势。

下面我们来了解一种经典的能够涵盖足够长走势的形态。

蝴蝶形态

数与形的关系一直是模型理论研究的重点课题，在模型理论系列丛书第一本《股市获利阶梯》中，更是全书都围绕着这一课题进行论述。

股市中的形态就是数形关系的最典型体现，形态中数（股价）的变化构成了形，而形的变化又推动数（股价）的变化。

数形关系中，最重要的一个概念就是"固定"，也就是当一个形态固定时，在其中就会存在一个固定的数值上的对应关系。比如直角三角形中两条直角边的数值平方的和就等于斜边数值的平方，再比如一组长度比例为 3:4:5 的直线，就能够构成一个直角三角形。形固定了，数值的比例或者内在的关联就会固定；反过来，数值之间的比例或者内在关联也会影响它们构成的图形。

这种固定是数形关系的本质，也是通过数形关系进行预测的基础。通过这种固定，我们可以根据不变的形态产生的数值之间的关联，用已知的数值求解未知的数值。

蝴蝶形态就是这样一种固定的形态，它是一个重要的反转信号，其形态的结束点往往是一个重要的转折点。并且大多数情况下，股价走势在形成一个蝴蝶形态并发生反转后，往往会向着反转后的方向进行一波强劲的上涨或者下跌。

蝴蝶形态的基本结构最初出现在 Harold M．Gartley 所著的《股市利润》一书中第 222 页上（此页码对应的是原始英文版，请勿带入中文版中），所以又被称为"Gartley 222 模型"。

有一种说法认为，蝴蝶形态并不是"Gartley 222 模型"，而是该模型失败后的一种变异。当然，做这样的争论毫无意义，我们是投资者不是历史学家，对我们来说，蝴蝶形态的起源远不如它的使用方法更有价值。

无可争议的是，蝴蝶形态的得名是因为符合这一形态的走势很像一只展翼的蝴蝶，如下图所示。

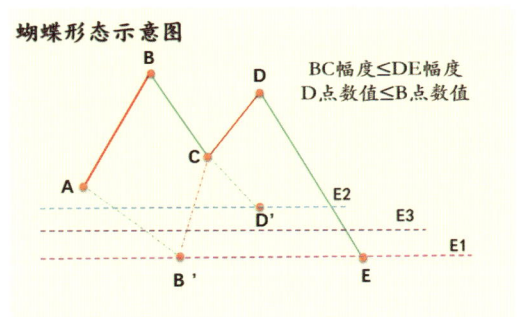

图 6.1.A　下跌蝴蝶形态示意图（形态结束点计算）

实际上，蝴蝶形态分为上涨蝴蝶形态和下跌蝴蝶形态两种，其中上涨蝴蝶形态的形成意味着顶部的形成，而下跌蝴蝶形态的形成意味着底部的形成，毫无疑问前者带来风险，后者带来机会。在股市中，如果没有机会，也就无所谓风险，所以我们先来研究下跌蝴蝶形态。

蝴蝶形态的形成，是股市中时间与空间达到一种和谐状态的体现，在空间上，股价往往倾向于回调到前一波走势的黄金分割比例的位置，如 0.618、0.382、0.786 或者 0.191 等；在时间上，股价的回调时间倾向于以斐波那契数列存在，比如上涨八天回调

三天或者五天，价格上的黄金比率，时间上的斐波那契，按照这样的时间和价格形成的形态被称之为"和谐形态"。

图6.1.A是理想状态下下跌蝴蝶形态的示意图，从图中我们可以了解其形态特征，即点A、B、C、D、E之间的走势相连形成了形似蝴蝶的形态。

A点与B点之间的走势呈现上涨趋势，随后从B到C的走势开始了反向运动，即下跌趋势，一般B点到C点之间的反向运动的幅度会大于A点到B点之间走势的0.618倍（即黄金分割点位）。

C点到D点之间的上涨是B点到C点之间下跌的反弹，所以绝大多数情况下D点都是低于B点的。

而最后一段走势是D点到E点之间的走势，与B点到C点之间的走势方向相同，都是下跌走势，但是这一波下跌是整个蝴蝶形态中最剧烈的一波下跌，或者我们可以将D点到E点之间的走势理解为是B点到C点之间走势的延伸，D点与E点之间的下跌幅度会远远大于B点到C点之间的下跌幅度（当然极限情况也存在，正如图6.1.A中标记，D点的值小于等于B点的值，BC之间的下跌幅度接近于DE之间的下跌幅度）。

了解了下跌蝴蝶形态的特征，我们可以开始探寻其在实战中的应用，简单来说，蝴蝶形态在实战中的应用实际上就是当走势出现符合A-B-C-D的走势之后，通过A、B、C、D点求E点位置的过程。

前文中提到，大多数情况下，股价走势在形成一个蝴蝶形态并发生反转后，往往会向着反转后的方向进行一波强劲的上涨或者下跌，所以E点大概率会是本轮下跌的终点，也就是股价的起涨点，其价值如何，无须赘述。因为E点的重要性，所以其被称为"形态结束点"。

形态结束点 E 有三个重要的目标位：

第一个目标位是以 AC 为对称轴，找到与 B 点轴对称的点 B'，则 B' 点的空间位置即为形态结束点的空间位置，即走势从 D 点开始下跌后，倾向于在 B' 点的点位附近发生转折，则此位置为 E 点的第一个目标位 E1。

第二个目标位是以 C 点所在水平线为对称轴，画出 D 点的影射点 D'，即 C 点到 D 点之间的距离与 C 点到 D' 点之间的距离相等，则 D' 点的位置是 E 点的另一个目标位 E2。

最后一个目标位是 E1 点和 E2 点的中点，其点位为 1/2（E1+E2），标记为 E3。

E1 点与 E2 点之间形成的价格区域即为潜在价格反转区，在实际走势中，若股价运行到这个区域中，就需要各位注意形态结束点 E 的出现，若股价在 E1、E2 和 E3 点之中任一位置出现影线确认，即可初步判断此处为形态结束点，转折即将开始。

其中有一个问题，在实战中如果每次使用蝴蝶形态都需要做出两个对称点会很麻烦，手绘图表也可能会出现误差，所以我们需要一个更可靠的计算出 E1 点与 E2 点的方法，如下图所示。

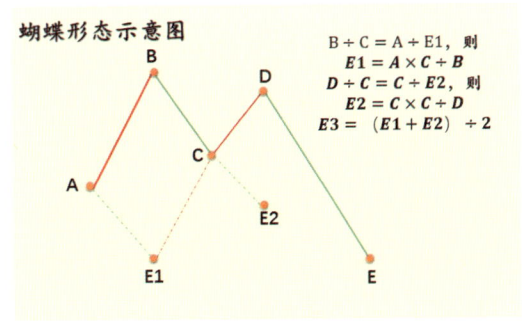

图 6.1.B　下跌蝴蝶形态示意图（理想模型）

如图 6.1.B 是下跌蝴蝶形态的理想模型，在理想模型下，我

异级同构模型

们视为 BC 与 AE1 的时空比率相等（根据前文中建立 E1 点的过程），即：$B \div C = A \div E1$，则 $E1 = A \times C \div B$；

根据前文中建立 E2 点的过程，我们可以知道，CD 与 CE2 的比率相等，即 $D \div C = C \div E2$，则 $E2 = C \times C \div D$；

前文中提到，$E3 = (E1 + E2) \div 2$。

则在已知 A 点、B 点、C 点和 D 点的点位的情况下，E1、E2、E3 点的点位都可以计算出来，如下面的案例所示。

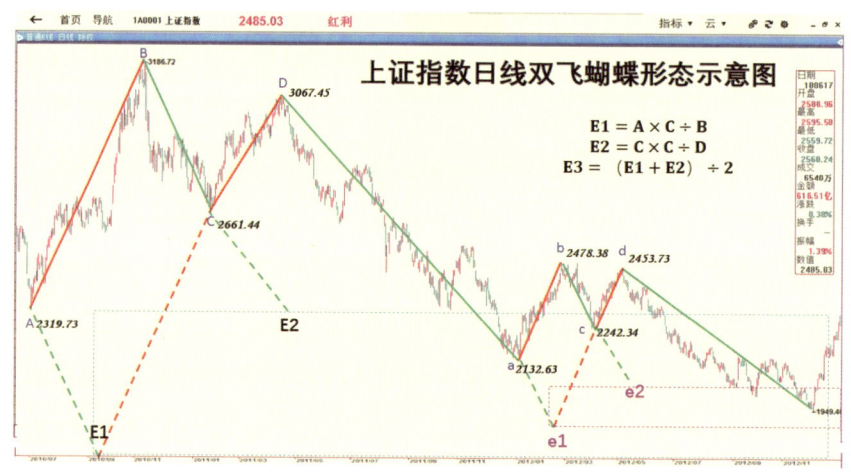

图 6.1.C　上证指数双飞蝴蝶案例

如图 6.1.C 是 1A0001——上证指数从 2010 年 6 月 17 日到 2013 年 1 月 4 日的日 K 线走势图。

上证指数中符合蝴蝶形态的走势并不少见，但距本书成文最近的一个双飞蝴蝶案例大概就是图中的这段走势了。如图所示，所谓双飞蝴蝶是蝴蝶形态的一个变式，即两个蝴蝶形态紧邻着出现，并且后一个蝴蝶形态包含于前一个蝴蝶形态之中。

首先我们来求解图中左侧第一个大的蝴蝶形态，提取已知点位如下：

A 点为 2010 年 7 月 2 日最低点 2319.73 点；

B 点为 2010 年 11 月 11 日的最高点 3186.72 点；

C 点为 2011 年 1 月 25 日最低点 2661.44 点；

D 点为 2011 年 4 月 18 日最高点 3067.45 点。

已知 A 点、B 点、C 点和 D 点的数值之后，就可以根据公式计算出 E1、E2、E3 点的点位，前文中给出了 E1、E2、E3 点的计算公式，如下：

$$E1 = A \times C \div B$$
$$E2 = C \times C \div D$$
$$E3 = (E1 + E2) \div 2$$

将数据代入公式可得：E1=A×C÷B=2319.71×2661.44÷3186.72=1937.37（计算结果四舍五入，保留两位小数，下同）；E2=C×C=2661.44×2661.44÷3067.45=2309.17；E3=(E1+E2)÷2=(1937.37+2309.17)÷2 =2123.27。

则 E1=1937.37 点，E2=2309.17 点，E3=2123.27 点，进而可知此次下跌的底部区域为 1937.37 点到 2309.17 点之间。

在实际的走势中，指数于 2011 年 10 月 24 日以下影线触及目标位 E2 点 2309.17 点的位置（当日最低点为 2307.15 点），随后指数开始了一波小幅反弹，投资者可据此把握到反弹的起点。

随后的走势中，当指数跌破 E2 点时，则需要观察指数是否在 E3 点 2123.27 点出现影线确认。上证指数于 2011 年 12 月 28 日和 2012 年 1 月 6 日两次接近这一点位，随后开始了一波涨幅达 14.14% 的反弹。

在实战中，如果研究者发现股价或者指数在下跌蝴蝶形态中任意一个形态结束点目标位附近发生转折，则应留意机会的来临。

如图所示，后期指数再次跌破 E3 点的位置，最终在 E1 点 1937.37 点附近出现重要低点 1949.46 点，投资者据此可把握不菲的利润。

模型理论 6

异级同构模型

接下来求解双飞蝴蝶形态中右侧的小蝴蝶形态，首先提取已知点位如下：

a 点为 2012 年 1 月 6 日最低点 2132.63 点；

b 点为 2012 年 2 月 27 日的最高点 2478.38 点；

c 点为 2012 年 3 月 29 日最低点 2242.34 点；

d 点为 2012 年 5 月 4 日最高点 2453.73 点。

已知 A 点、B 点、C 点和 D 点的数值之后，就可以根据公式计算出 E1、E2、E3 点的点位，将数据代入公式可得：

e1＝a×c÷b＝2132.63×2242.34÷2478.38＝1929.52；

e2＝c×c÷d＝2242.34×2242.34÷2453.73＝2049.16；

e3＝(e2＋e1)÷2＝(2049.16＋1929.52)÷2＝1989.34。

则形态结束点的三个目标位为 e1＝1929.52 点；e2＝2049.16 点；e3＝1989.34 点，此次下跌的底部区域为 1929.52 点到 2049.16 点之间。

在实际的走势中，指数于 2012 年 8 月 30 日到 9 月 5 日之间连续数个交易日下影线触及 2049.16 点，随后出现了一波小幅反弹，因为小蝴蝶形态中包含的走势不长，所以反弹的幅度也不会很大。

之所以选择双飞蝴蝶作为蝴蝶形态的实战案例，不仅仅是因为双飞蝴蝶形态少见，更重要的是双飞蝴蝶形态有其独特的意义。

在双飞蝴蝶形态中，因为小蝴蝶形态是包含于大蝴蝶形态之中的，所以绝大多数情况下，小蝴蝶形态的形态结束点目标位（图中用粉色虚线框标识小蝴蝶形态的底部区域）都是处于大蝴蝶形态的底部区域范围（如图中蓝色虚线框标识）内，则此价格区域更加重要，后期出现下影确认，底部将确立，上涨有望展开。

实际上蝴蝶形态对于点位的要求远比对形态的要求宽松，很多情况下判断走势是否符合蝴蝶形态，都取决于形态上的相似性而非点位上严格符合要求，比如根据要求，B 点应该是大于等于 D 点的，但实际上，在指数上只要 D 点不超过 B 点 0.5%（即大约 50 个点），即使 D 点大于 B 点也是可以构成蝴蝶形态的。

需要注意的是，在下跌蝴蝶形态中，如果起始点 A 略高于回调点 C，也可以用另一方法计算，如下图所示。

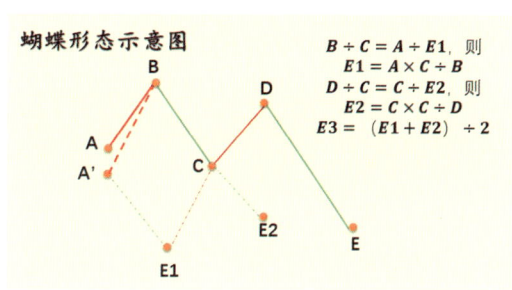

图 6.1.D　下跌蝴蝶形态变式

如图是下跌蝴蝶形态中 A 点高于 C 点的变式，在这种情况下，做对称图形时，视 A 点和 C 点为同一价格，即对称菱形，也就是图中 A' 点、B 点、C 点和 E1 点构成的菱形，其中 A' 点与 A 点时间相同，与 C 点空间（价格）相同的点位，即"将 A 点与 C 点视为同一价格"这一条件的具现化。

在进行形态结束点目标位的计算时，代入 A 点的数值，最后在计算结果中减去 A 点与 C 点的差价，即将公式改为：

$$E1 = A \times A \div B - (A - C)$$

E2 点与 E3 点的计算方法则没有变化。同样的思路也可用于上涨蝴蝶形态中 A 点略低于 C 点的情况。

前文中提到，蝴蝶形态分为上涨蝴蝶形态和下跌蝴蝶形态两种，其中上涨蝴蝶形态代表着风险，而下跌蝴蝶形态代表着机会。作为投资者，在学会把握机会的同时，更要学会回避风险。所以，接下来我们来研究上涨蝴蝶形态。

上涨蝴蝶形态与下跌蝴蝶形态相对应，如下图所示。

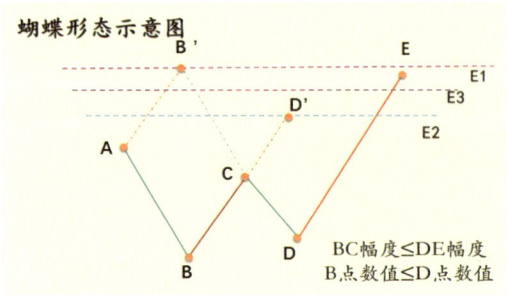

图 6.1.E　上涨蝴蝶形态示意图（形态结束点计算）

图 6.1.E 是理想状态下上涨蝴蝶形态的示意图，从图中可以看到，其形态特征仍然是点 A、B、C、D、E 之间的走势相连形成了形似展翅蝴蝶的形态。

第一段走势 A 点与 B 点之间的走势呈现下跌趋势，随后从 B 到 C 的走势开始了反向运动，即反弹上涨，与下跌蝴蝶形态相对应的，一般 B 点到 C 点之间的反弹幅度会大于 A 点到 B 点之间下跌幅度的 0.618 倍（即黄金分割点位）。

C 点到 D 点之间的走势开始下跌，绝大多数情况下 B 点都是低于 D 点的，这一点与下跌蝴蝶形态相反，需要研究者特别注意。

最后一段走势是 D 点到 E 点之间的上涨，这一段上涨是整个蝴蝶形态中最剧烈的一波上涨，这一波上涨结束之后往往就是风险来临的时候。

上涨蝴蝶形态在实战中的应用基本与我们刚刚提到的下跌蝴蝶形态相同，简单来说，就是当走势出现符合 A-B-C-D 的走势之后，通过 A、B、C、D 点求 E 点位置的过程。

前文中提到，大多数情况下，股价走势在形成一个蝴蝶形态并发生反转后，往往会向着反转后的方向进行一波强劲的上涨或者下跌，所以 E 点大概率会是下跌的起点，也就是股价的高点，在上涨蝴蝶形态中，这一点位也被称为"形态结束点"。

形态结束点 E 有重要的三个目标位：

第一个目标位是以 AC 为对称轴，找到与 B 点轴对称的点 B'，则 B' 点的空间位置即为形态结束点的空间位置，即走势从 D 点开始上涨后，倾向于在 B' 点的点位附近发生转折，则此位置为 E 点的第一个目标位 E1。

第二个目标位是以 C 点所在水平线为对称轴，画出 D 点的影射点 D'，即 C 点到 D 点之间的距离与 C 点到 D' 点之间的距离相等，则 D' 点的位置是 E 点的另一个目标位 E2。

最后一个目标位是 E1 点和 E2 点的中点，其点位为 1/2（E1+E2），标记为 E3。

则 E1 点与 E2 点之间形成的价格区域即为潜在价格反转区，在实际走势中，若股价运行到这个区域中，就需要各位注意形态结束点 E 的出现，若股价在 E1、E2 和 E3 点之中任一位置出现影线确认，即可初步判断此处为形态结束点，转折即将开始。

E1 点、E2 点与 E3 点的计算方法如下图所示。

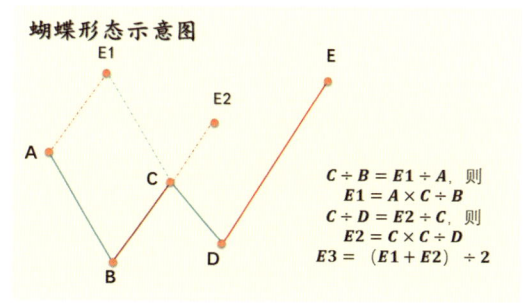

图 6.1.F　上涨蝴蝶形态示意图（理想形态）

如图 6.1.F 是上涨蝴蝶形态的理想形态，在理想形态下，我们视 BC 与 AE1 的时空比率相等（根据前文中建立 E1 点的过程），即：C÷B=E1÷A，则 E1=A×C÷B；

异级同构模型

根据前文中建立 E2 点的过程，我们可以知道，CD 与 CE2 的比率相等，即 C÷D=E2÷C，则 E2=C×C÷D；

E3 为 E1 与 E2 的均值，求解公式不变，即 E3＝（E1+E2）÷2。

可以看到，上涨蝴蝶形态中的点位对应关系与下跌蝴蝶形态中的点位对应关系是相反的，有趣的是，这种相反的对应关系推导出来的公式却是相同的。这无疑大大方便了蝴蝶形态的研究者和使用者。

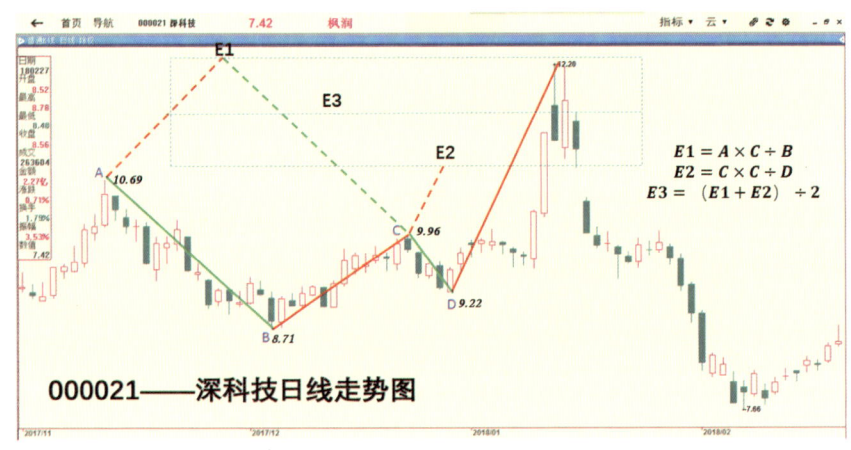

图 6.1.G 深科技日线蝴蝶形态走势图

图 6.1.G 是 000021——深科技从 2017 年 11 月 1 日到 2018 年 2 月 27 日的日 K 线走势图。

图中走势明显形成了一个上涨蝴蝶形态，提取已知点位如下：

A 点为 2017 年 11 月 13 日最高价 10.69 元；

B 点为 2017 年 12 月 5 日最低价 8.71 元；

C 点为 2017 年 12 月 22 日最高价 9.96 元；

D 点为 2017 年 12 月 28 日最低价 9.22 元。

已知 A 点、B 点、C 点和 D 点的数值之后，就可以根据公式计算出 E1、E2、E3 点的点位。我们知道，上涨蝴蝶形态中的 E1、E2、E3 点的计算公式与下跌蝴蝶形态中的相同。

$$E1=A×C÷B$$
$$E2=C×C÷D$$
$$E3=(E1+E2)÷2$$

将数据代入公式可得：

E1＝A×C÷B＝10.69×9.96÷8.71＝12.22 元；

E2＝C×C÷D＝9.96×9.96÷9.22＝10.76 元；

E3＝（E1+E2）÷2＝（12.22+10.76）÷2＝11.49 元。

则 E1＝12.22 元，E2＝10.76 元，E3＝11.49 元，进而可知股价从 9.69 元（C 点）开始上涨之后，其顶部区域为 10.76 元到 12.22 元之间。

在实际的走势中，股价于 2018 年 1 月 11 日以长阳线突破 E2 目标位 10.76 元，此时股价已经进入顶部区间，需格外留意转折的发生。次日（2018 年 1 月 12 日）股价继续上行，中阴线突破 E3 的目标位 11.49 元之后收出长上影线，当日最高点为 12.20 元，与 E1 目标位 12.22 元仅相差两分钱，并且收出了长上影线，此时需要特别留意转折的可能。

在实际走势中，股价果然于次日开始下跌，根据上涨蝴蝶形态，投资者可回避达 32.42% 的跌幅走势。

总体来说，上涨蝴蝶形态主要用来回避风险，下跌蝴蝶形态主要用来把握机会，在实战中使用蝴蝶形态时需要注意以下几点：

1. 判断一段走势是否属于蝴蝶形态的重要依据是，B 点与 C 点之间的走势变化（上涨或者下跌）幅度大于或等于 A 点到 B 点之间走势变化（上涨或下跌）幅度的 61.8%（即黄金分割点位）。

2. 在蝴蝶形态中最重要的点位是形态结束点 E，在对这一点位开始预测时，需要计算出三个目标位，即 E1 点、E2 点和 E3 点，

其中 E1 点和 E2 点之间即为潜在转折价格区。

3. 在实战中，研究者需要重点关注走势在这三个点位的确认情况，也就是当实际股价运行到这三个价格附近时，如果出现下影线确认的走势，则此处大概率为转折点，可以考虑提前开始布局。

4. 蝴蝶形态的最大意义是用来把握关键的顶和底，所以蝴蝶形态涵盖的走势越长（即组成蝴蝶形态的 K 线数目越多），价值越大，除了双飞蝴蝶形态的情况之外，小型的蝴蝶形态不宜作为研究的重点。

蝴蝶形态中的比例关系

长久以来（实际上，蝴蝶形态从发现至今已经超过 20 年了），研究者们从各种各样的角度对于蝴蝶形态进行了研究，其中最主流的（也是研究成果最多最实用的）两个方向是数形结合与形态中的比例关系。

前文中对于蝴蝶形态的阐述就属于数形结合方面的研究成果，这部分成果更适合于实战，而关于形态中的比例关系的研究成果，更适合帮助研究者深入理解蝴蝶形态以及它的多种变式，把握其属性（主要是根据其中的属性判断形态是否失败，以回避其所带来的风险）。

根据蝴蝶形态的特性，我们可以知道，在蝴蝶形态中 D 点到 E 点的走势是变化幅度最大的一波走势，也就是说，如果一个蝴蝶形态中包含的走势足够长的话，其最后一段走势很可能代表着最大级别的风险与最大级别的机会。也就是说，蝴蝶形态经常会出现在最牛的牛市或者最熊的熊市之中，代表着股价的剧烈变化。因为风险与机会都很大，所以对于形态中每一段走势幅度的预判就非常重要了——这也是我们接下来要讨论的内容。

前文中多次提到，B点与C点之间的走势变化（上涨或者下跌）幅度大于或等于A点到B点之间走势变化（上涨或下跌）幅度的0.618倍。

众所周知，0.618是黄金分割比，实际上关于蝴蝶形态中的比例关系研究就大量借助于黄金分割比与斐波那契数列等。

在求解形态结束点D点的目标位时，黄金分割比和斐波那契数列发挥着相当大的作用，两者的结合称之为"斐波那契比率"，典型的比值包括：1.272、1.382、1.618、2.0、2.382、2.618等，一般来说，形态之间的最大比率就是2.618，一旦超过这个比率往往就意味着形态的失败。我们来看下跌蝴蝶形态中都存在着什么样的比例关系，如下图所示。

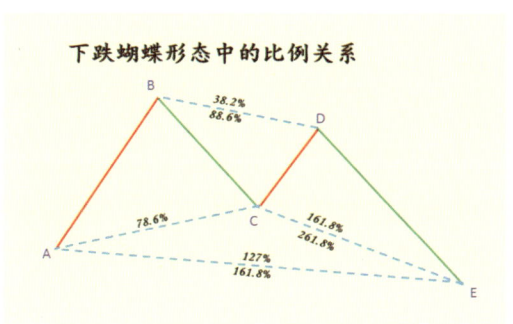

图6.1.H　下跌蝴蝶形态中的比例关系

因为要研究形态之间的比例关系，所以要求在下跌蝴蝶形态中C点必须高于A点，B点必须高于D点，否则这种比例关系上的倾向性将不会成立。这一点与前文中提到的单纯研究数与形关系时，对蝴蝶形态的要求不同，实际上，因为要研究形态中比例的关系，所以对点位的要求会严格一些。

在下跌蝴蝶形态中，从D点到E点之间的走势变动（下跌）幅度一般大于从B点到C点之间的走势变动（下跌）幅度的1.618

异级同构模型

倍（即161.8%）。需要注意的是，一旦走势从D点到E点之间的变动（下跌）幅度大于从B点到C点之间变动（下跌）幅度的2.618倍，则意味着形态失败，蝴蝶形态的所有规律将不再适用于当前走势。

所以，实际上从D点到E点之间的走势变动（下跌）幅度一般为从B点到C点之间的走势变动（下跌）幅度的1.618至2.618倍，当股价处于这一区间的时候，需要研究者特别注意，以便把握其中的机会和风险。

B点到C点之间的走势与D点到E点之间的走势比例关系是蝴蝶形态中最重要的比例关系，除此之外，在下跌蝴蝶形态中，其他几段走势之间也存在着不同的比例关系。

具体如下：

B点到C点的回调幅度一般倾向于达到A点到B点之间上涨走势的78.6%附近；

C点到D点的反弹幅度一般会达到前一波从B点到C点下跌幅度的38.2%到88.6%之间，前者为下跌弱势极限比例，后者为下跌强势极限比例；

从B点到E点之间的跌幅一般为从A点到B点之间涨幅的127%到161.8%之间，其中前者为下跌弱势极限比例，后者为下跌强势极限比例。

一旦超过极限比例则宣告形态不成立，各段走势之间的比例关系将不会遵循形态模型中显示的比例关系。

需要强调的是，这种比例关系仅仅体现在空间（也就是价格）上，所以在计算时只需要考虑点位的变化即可。

上涨蝴蝶形态中的比例关系与下跌蝴蝶形态中比例关系一一对应，如下图所示。

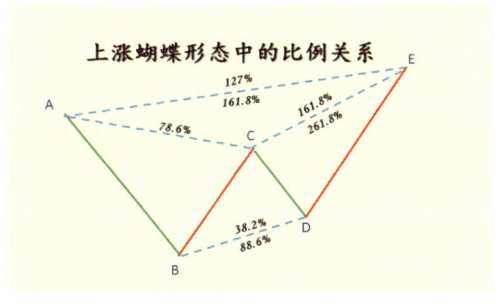

6.1.1 上涨蝴蝶形态中的比例关系

图6.1.1是上涨蝴蝶形态中各段走势之间的比例关系示意图，与下跌蝴蝶形态相对应的是，在上涨蝴蝶形态中要求A点必须高于C点，D点必须高于B点，否则形态之间的比例关系无法成立。

在上涨蝴蝶形态中，B点到C点之间的走势与D点到E点之间的走势比例关系同样是最重要的比例关系，其关系与下跌蝴蝶形态相对应，即从D点到E点之间的走势变动（上涨）幅度一般大于从B点到C点之间的走势变动（上涨）幅度的1.618倍（即161.8%），而小于从B点到C点之间的走势变动（上涨）幅度的2.618倍（即261.8%）。当股价处于这一区间的时候，需要研究者特别注意，以便把握其中的机会和风险。

需要注意的是，一旦走势从D点到E点之间的变动（上涨）幅度大于从B点到C点之间变动（上涨）幅度的2.618倍，则意味着形态失败，蝴蝶形态的所有规律将不再适用于当前走势。

除此之外，在上涨蝴蝶形态中，其他几段走势之间的比例关系也与下跌蝴蝶形态一一对应，具体如下：

B点到C点的上涨幅度一般倾向于达到A点到B点之间下跌走势的78.6%附近；

C点到D点的回调幅度一般会达到前一波从B点到C点上涨幅度的38.2%到88.6%之间，前者为上涨强势极限比例，后者为上涨弱势极限比例；

从 B 点到 E 点之间的涨幅一般为从 A 点到 B 点之间跌幅的 127% 到 161.8% 之间，其中前者为上涨弱势极限比例，后者为上涨强势极限比例。

同样，走势一旦超过极限比例则宣告形态不成立，各段走势之间的比例关系将不会遵循形态模型中显示的比例关系。

这种比例关系除了可以用来预期形态结束点 E 的位置之外，更多的是用来判断走势的发展是强势还是弱势，以及评估当前走势的风险级别——这一点很像第四章中提到的神波区域模型。

因为对于蝴蝶形态之中各段走势之间比例的研究对点位的要求比较严格，所以想要扩大其实用性，就不得不涉及蝴蝶形态的经典变式——螃蟹形态和蝙蝠形态。

在蝴蝶形态中，当 D 点到 E 点之间的走势变化幅度大于从 B 点到 C 点之间的走势变化幅度的 2.618 倍（即极限比例），则宣告形态不成立。这种情况下，就需要引入蝴蝶形态的第一个经典变式——螃蟹形态。

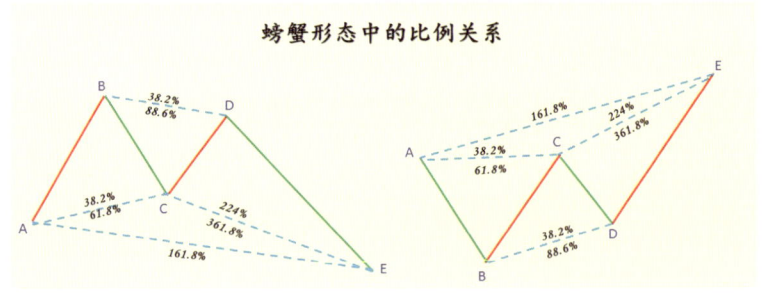

图 6.1.J　蝴蝶形态的变式——螃蟹形态

图 6.1.J 中左侧为下跌螃蟹形态中各段走势之间的比例关系示意图，右侧为上涨螃蟹形态中各段走势之间的比例关系示意图。

从图中可以看到，与蝴蝶形态相比，螃蟹的"脚"明显比蝴蝶的"翅膀"长，当然，造成这种形态上区别的关键是 B 点到 C 点之间的这段走势，其要点如下：

1．B 点到 C 点这段走势的变化（上涨或者下跌）幅度为从 A 点到 B 点之间的走势变化（上涨或下跌）幅度的 38.2% 到 61.8% 之间，这是螃蟹形态的第一个特征；

2．在螃蟹形态中，从 C 点到 D 点之间的走势变化（上涨或者下跌）幅度是 A 点到 B 点之间的走势变化幅度的 161.8%，同时这也意味着从 D 点到 E 点之间的走势变化（上涨或者下跌）幅度与 C 点到 D 点之间的走势变化（上涨或者下跌）幅度的比值会很大，可以达到 361.8%，在实际走势中经常出现的比值为 224%、261.8%、314% 以及 361.8%；

3．从 C 点到 D 点之间的走势变化（上涨或者下跌）幅度为从 A 点到 B 点之间走势变化（上涨或者下跌）幅度的 38.2% 到 88.6%。

以上是螃蟹形态的特点，实际上螃蟹形态的名字由来不仅仅是因为其形态的相似性，更是因为这一形态的分类也与螃蟹类似。在生活里，螃蟹分为淡水蟹和海蟹两种，同样，螃蟹形态也分为普通螃蟹形态和深海螃蟹形态，除此之外，还有一种完美的螃蟹形态。

前文中介绍的就属于普通螃蟹形态，而深海螃蟹形态的特点有三个：

1．B 点到 C 点之间的走势变化幅度为，从 A 点到 B 点的走势变化幅度的 88.6% 左右；

2．从 D 点到 E 点之间的走势变化幅度为，从 C 点到 D 点之间走势变化幅度的 224% 或 361.8% 左右；

3．从 C 点到 D 点的走势变化幅度为，从 B 点到 C 点的走势变化幅度的 38.2% 或 88.6% 左右。

而完美的螃蟹则有四个特点：

1. 从 B 点到 C 点之间的走势变化幅度，是 A 点到 B 点之间走势变化幅度的 61.8% 左右；

2. 从 D 点到 E 点之间的走势变化幅度，是 C 点到 D 点之间的走势变化幅度的 314% 左右；

3. 从 B 点到 E 点之间的走势变化幅度，是 A 点到 B 点之间的走势变化幅度的 161.8% 左右；

4. 从 B 点到 C 点之间的走势变化幅度，是 A 点到 B 点之间的走势变化幅度的 50% 或 61.8% 左右。

蝴蝶形态的另一种经典变式被称为蝙蝠形态，这种是以 A 点到 B 点之间走势变化幅度的 88.6% 作为潜在逆转区的一种形态。如下图所示。

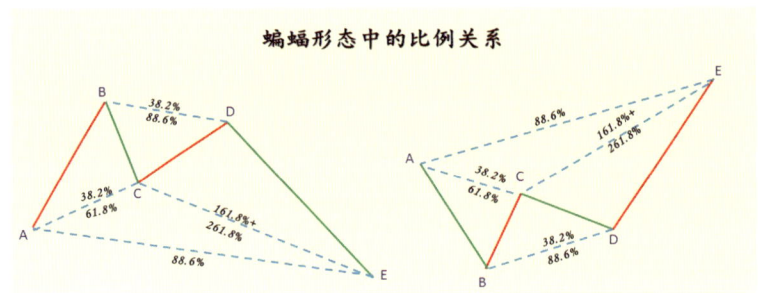

图 6.1.K　蝙蝠形态中比例关系示意图

如图 6.1.K 中，左侧为下跌蝙蝠形态中各段走势之间的比例关系示意图，右侧为上涨蝙蝠形态中各段走势之间的比例关系示意图。

与螃蟹形态相同，蝙蝠形态也有自己独特的形态特点：

1. 从 A 点到 B 点之间走势变化幅度的 88.6% 是蝙蝠形态中最重要的位置，B 点到 C 点之间的走势变化幅度，要小于 A 点到 B 点之间走势变化幅度的 61.8%，其具体比值一般为 50% 左右，极限值可达 38.2%；

2．从 D 点到 E 点之间的走势变化幅度，是 C 点到 D 点之间走势变化幅度的 161.8%；从 C 点到 D 点之间的走势变化幅度，是 B 点到 C 点之间走势变化幅度的 38.2% 到 88.6%。

蝙蝠形态没有螃蟹形态那么多种类，完美的蝙蝠形态只有一种，其特点是：

1．从 D 点到 E 点的走势变化幅度，是 C 点到 D 点走势变化幅度的 200%；

2．从 D 点到 E 点的走势变化幅度，是 B 点到 C 点走势变化幅度的 127%；

3．D 点的位置在 B 点到 C 点这段走势的 50%～61.8% 处；

4．C 点的位置在 A 点到 B 点这段走势的 50% 处。

不管是蝴蝶形态、螃蟹形态还是蝙蝠形态，对于市场中走势的研究都具有非常高的实战指导意义，但还需要对它们不断进行优化，前人的研究成果只能为我们提供一个框架，真正应用到实战中时，还是需要把这些形态的规律融入自身的操作体系中，这样才能真正用它们获得收益，否则就如同纸上谈兵——看起来华丽，其实毫无价值。

第二节　缺口详解

在第二章的第三节中，我们已经初步研究过缺口，但受限于篇幅，且讨论的重点不同，我们对缺口部分的内容并没有深入阐述。接下来就让我们继续缺口的话题（如果你还没有阅读第二章

模型理论 6

异级同构模型

的内容，它不会影响你对这部分内容的研究）。

导读中提到，运用技术分析对市场运动的研究，衍生出了两个方向，分别是对于市场运动规律的研究和关于市场走势形态的研究，缺口本身既是研究市场运动的重要课题，同时也被视为股市中的一种形态，在这两种研究中，缺口研究都是重要的课题。

特殊的缺口

前文中提到，缺口分为三种，分别是突破缺口、量度缺口和衰竭缺口。三者在中期趋势中会以"突破缺口→量度缺口→衰竭缺口"的顺序出现。

然而除此之外，还有几种特殊的缺口需要注意。严格来说，这些特殊的缺口也属于这三种缺口的行列之中，但是因其出现的位置或者方式不同，因而具有某些特殊的意义。

比如，在把缺口作为形态的研究中，有一个有趣的规律是，当趋势发生反转后，紧接着出现一个缺口，这往往意味着市场人气的巨大变化，也就是说，这个反转有可能会形成中期级别甚至大级别的顶部或者底部。所以我们可以把出现在转折之后的缺口视为一种判断大顶或者大底的形态。

严格来说，这种缺口属于突破缺口，但是因为出现的位置比较特殊，所以其在实战中的价值远远高于通常情况下的突破缺口。

这种缺口属于出现的位置较为特殊的缺口，还有一种缺口是其出现的方式比较特殊，比较典型的例子是有一种被称为"隐性缺口"的走势。

隐性缺口具备较高研究价值的原因是，这种缺口出现在指数中的概率较高。从形态上来看，隐性缺口更像是普通缺口的反面，普通缺口是某一段点位之间没有走势,而隐性缺口则是指股价或者指数在某一个狭小区域内紧密重叠,这种重叠如果出现在指数中,则往往代表着许多个股的走势也会在这个时间段出现缺口,因此当这种隐性缺口出现在指数上时,具有相当的分析意义。

但如果这种隐性缺口出现在个股上,则可以作为普通的缺口进行处理,因为在个股中有时会出现许多无效的缺口,所以隐性缺口的效力要根据其出现的位置是否合理来确定。

还有一种特殊的缺口被称为"双生缺口",正如它们的名字一样,这种缺口总是成对出现的。双生缺口同样属于突破缺口的特殊变式,在介绍这种特殊缺口之前,我们有必要先来了解一下突破缺口的成因。

一般来说,突破缺口的形成是由于先知先觉者的买入或者卖出行为,以上涨突破缺口为例,当股市中那些先知先觉者认为一个短期的反转有可能变成中期反转时,激进者就会大胆而迅速地尝试买入,这一行为可能会激起整个市场人气的剧烈变化,由此产生的交易大多会集中发生在某一个交易日的中间或者收盘之前,最终体现在K线图上就是一个向上的跳空缺口——这种跳空缺口,我们称之为"突破缺口"。

如果你试图寻找到中期反转开始的蛛丝马迹,那么最不容错过的形态就是这种跳空缺口。

当一个突破缺口形成之后,有可能紧接着形成一个与突破缺口方向相反的短期运动,如果此次运动填补了缺口,并在达到突破缺口的前期最高点或最低点之前发生转折,那么可以预期后期走势会在突破缺口空间附近再次形成一个形态相似的缺口,这两个缺口合称为"双生缺口"。如图所示。

由图6.2.A可知,双生缺口分为两种,根据其出现的位置分为底部双生缺口和顶部双生缺口,上图中左侧为底部双生缺口,右侧为顶部双生缺口。

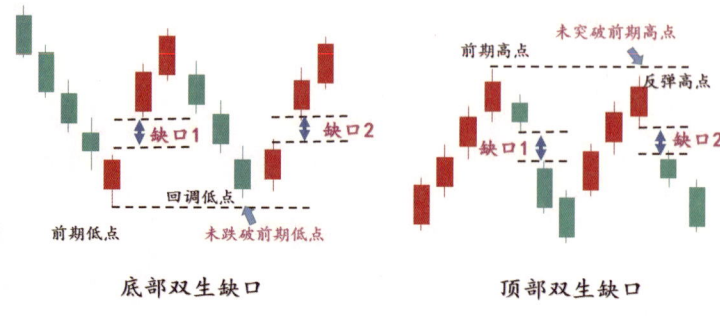

图 6.2.A　底（顶）部双生缺口示意图

如图中左侧，底部双生缺口的形成条件有两个：

第一个条件是股价或指数从低点（即图中前期低点）启涨跳空，形成缺口 1 之后迅速发生转折，此处回调的走势要填补缺口 1。

第二个条件是这段回调的走势低点（即图中回调低点）不能跌破缺口 1 之前形成的低点。

满足这两个条件之后，我们可以预期股价或指数在结束回调之后会再次启涨，并在缺口 1 的位置区域附近出现一个缺口 2（注意，是预期会出现缺口 2，并非一定会出现第二个缺口），则缺口 2 出现之后，一切基于缺口做出的形态分析，以缺口 2 为准。

相应的，图中右侧顶部双生缺口的形成条件也有两个：

第一个条件是股价或指数从高点（即图中前期高点）开始下跌形成缺口 1，之后迅速开始反弹，此处反弹的程度要能够填补缺口 1。

第二个条件是这段反弹走势的高点（即图中反弹高点）不能突破缺口 1 之前形成的高点。

同样当股价或者指数的走势满足这两个条件之后，我们可以预期反弹结束之后会再次下跌，在缺口1的区域附近出现一个缺口2。与底部双生缺口相同的是，顶部双生缺口中的缺口2出现之后，一切基于缺口做出的形态分析，以缺口2为准。

最后有一点对于初学者来说比较重要的内容，就是要学会区分跳空高开或者跳空低开与缺口的区别，有些研究者喜欢在股价（指数）跳空高开或者低开之后，就把这段走势视为缺口来分析，这样是不合理的。

你必须知道，开盘时出现在走势中的"缺口"往往会在收盘前被填补（即使在相对强势的单边走势中也是如此），而出现在收盘前的"缺口"，才更加具有分析意义。

所以分析缺口最好还是从日线图上着手，分时线上的缺口分析往往存在着较强的不确定性，不建议研究者在这上面花太大的功夫。

缺口与主要趋势的阶段

下面我们要研究的课题对于长期趋势的把握具有非常重要的意义，俗话说"涨出来的风险，跌出来的机遇"，在追随主要趋势的时候，研究者会更加关注趋势当前进行的程度，以及可能的结束时间。

有些研究者试图通过艾略特的波浪理论来把握主要趋势的变化，但多数研究者都失望而回。实际上在早期的技术分析中，先驱者们就已经开始尝试通过股价或指数的各种形态，来判断当前主要趋势所处的阶段，到如今，根据形态判断主要趋势阶段的方法已经趋于成熟，缺口作为一种形态，在判断趋势发展阶段这一方面有其独到的优势。

下面就让我们来了解一下缺口与主要趋势阶段之间的关系吧！

前文中提到，缺口一共有三种：分别是突破缺口、量度缺口和衰竭缺口，这三者中，突破缺口出现在走势的初始，量度缺口出现在走势运行的中间，而最后一种衰竭缺口则出现在走势的末尾。

所以一个突破缺口的出现往往意味着转折之后新趋势的开始，而量度缺口往往出现在单边走势涨幅达到 50% 的时候，而衰竭缺口则往往是当前趋势最后的疯狂，一般作为转折信号。如下图所示。

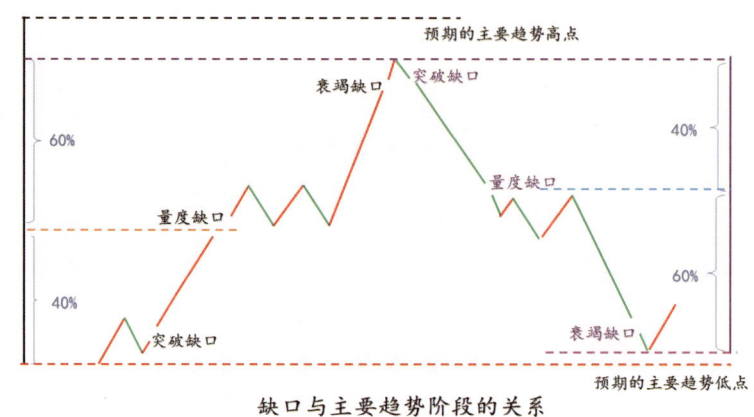

图 6.2.B　缺口与主要趋势阶段的关系

图 6.2.B 中用红色线条代表上涨走势，用绿色线条代表下跌走势，线条之间的中断部分代表缺口的位置。可以看到，图中包含了一个上涨的主要趋势和一个下跌的主要趋势。图中六条不同颜色的水平虚线分别代表着不同的含义，其对应关系如下：

红色水平虚线代表着上涨主要趋势的起点，同时代表着预期的下跌主要趋势低点；

橙色水平虚线代表着上涨主要趋势中量度缺口的位置；

紫色水平虚线代表着上涨主要趋势的实际高点位置，即下跌主要趋势的起点；

黑色水平虚线代表着上涨主要趋势的预期高点位置；

蓝色水平虚线代表着下跌主要趋势中量度缺口的位置；

粉色水平虚线代表着下跌主要趋势的实际低点位置。

根据历史上的数据统计，量度缺口一般出现在主要趋势总幅度的30%～60%之间，倾向于在50%附近出现。然而近期的数据显示，在不少个股中，量度缺口出现在主要趋势总幅度40%位置处的情况更常见。如图6.2.B中，红色水平虚线与紫色水平虚线的距离代表着上涨主要趋势的涨幅，代表量度缺口位置的橙色虚线出现在整体涨幅40%的位置处；下跌主要趋势也是一样，代表量度缺口位置的蓝色虚线出现在整体跌幅40%的位置处。

在上涨主要趋势中，衰竭缺口的出现往往伴随着急速的上涨，这种急速上涨会消耗掉这一轮上涨趋势最后的上涨动能，造成上涨动能的提前耗竭，而这种动能的提前耗竭将会导致走势最终达不到预期的趋势高点，所以当一段主要趋势中出现了衰竭缺口之后，在预测其高点时，应该考虑到动能衰竭的因素。

同时，衰竭缺口的出现对于长期操作者来说，代表着风险的加大，应注意回避风险；而对于短期，尤其是波段操作者来说，衰竭缺口所带来的急速上涨也意味着相当的利益。

相应的，在下跌主要趋势中，衰竭缺口也会伴随着急速的下跌，这种急速下跌的代价同样是下跌动能的提前耗竭，进而会导致趋势的提前转折，最终下跌走势也不能达到预期的趋势低点。在进行下跌走势预测时，研究者也必须注意这一点。

衰竭缺口的出现往往意味着重要的转折，是抄底入场的好时机。但是入场不宜过于急躁，毕竟衰竭缺口的出现将会带来一波急速的下跌，虽然长期来说不会影响获利，但是若买在急跌阶段，会对投资者的心理造成不好的影响。

突破缺口一般出现在趋势低点或高点之后，也就是主要趋势的开始阶段。当你确定一个低点之后的缺口为突破缺口时，果断买入将成为你的最佳选择。但是我仍然要再次强调止损的重要性，

模型理论 6

异级同构模型

不论何种情况下,对于专业研究者来说,止损点和买入点应该是同时确定的。

反之,若你在一个高点之后发现突破缺口,果断撤退,不要犹豫。

缺口的填补

这一部分内容,既会介绍走势中缺口被填补的意义,还会填补一些在讲述缺口时漏掉的知识。

所谓缺口的填补,是指缺口之后的上涨或下跌使走势完全突破或者跌破缺口的区间。有些研究者倾向于每个缺口都会在其后不久被填补,实际上并非如此。一般来说,在出现后不久就被填补的缺口都是突破缺口或衰竭缺口(其中衰竭缺口几乎是100%被填补),而出现在长期走势中间的量度缺口被填补的概率就会小很多(数据统计显示,量度缺口被填补的概率约为50%)。

缺口的填补有一个重要的含义,就是会产生支撑和压力作用,以上涨走势为例,当走势出现缺口之后继续上涨,随后开始调整,调整的走势会倾向于填补缺口后开始转折,或者我们可以理解缺口在这里起到了支撑作用。在下降走势中,缺口也会相应体现出压力的作用,同样是反弹的走势,倾向于在填补了前期缺口之后就会结束。

同时,缺口作为一种形态,与其他股市形态相结合才能发挥出它的最大价值,其经常搭配的形态包括各种反转形态、道氏直线、三角形态、趋势线的突破与跌破、移动平均线和引导均线等,在配合其他形态时,缺口主要起到对走势判断的印证作用。

总结一下,缺口作为分析工具的价值有以下四点:

1. 缺口可以体现市场中交易者的购买或卖出"意愿"的加强或者转变;

2．量度缺口可以度量当前长期走势的阶段；

3．提供支撑和压力位参考（即缺口的填补）；

4．与其他形态分析搭配，判断和验证走势的转折。

到这里，对于缺口的阐述就告一段落了，无论是缺口还是形态，都是看似基础的内容，但在深入研究的过程中，我们能够从中发现更多的规律，而这些埋藏于泥土中的钻石，能够使我们的获利之路更加畅通。

股海拾贝

本章中涉及的内容并不多，主要是启发研究者新的思路，尤其是关于伽特略222形态的三种变式——在股市形态学中，价格的变化比例是重要的研究方向，但是很少有一种形态能够将股价运行的比例关系和走势形态之间结合得如此紧密。

这也许是一个新的研究方向，市场中的形态纷繁复杂，但人们似乎只经常将形态与成交量变化互相印证，很少有将形态和股价变化的比例相联系的。

本章中最有价值的"贝壳"并非那些知识点，而是对于回顾股市研究的新思路，所以在本章的股海拾贝环节，我希望各位读者能够把你获得的新思路写下来，也许获利的机会就孕育在其中。

异级同构模型

我的"贝壳"陈列馆：

1.
2.
3.
4.
5.
6.
7.
8.

第七章　异级同构模型

异级同构模型

导读——趋势与周期

量、价、时、空是技术分析的四大要素，按照大多数投资者的熟悉程度，价格是大家研究最多的要素，对成交量的研究排在第二，第三是对于空间的研究，对时间的研究一直都是大多数投资者的盲区，很多投资者甚至缺乏对股市中"时间"这一概念的认知。

其实，时间这一因素对于市场的影响反而是最大的，市场在时间中体现出的规律性也是最强的，大多数情况下，市场中时间规律性的体现就是周期。

周期在无形中影响着股价的变化，比如牛市和熊市之间的很多关联性就是以周期的形式体现的——牛市越短熊市越长，反之，熊市越短牛市就会越长，牛市的涨幅越大，熊市的跌幅就会越小。

从周期的角度来看，趋势是可以被分级的，分析短期趋势时使用的数据（比如K线图的时间级别，均线的级别等）与分析中期或者长期趋势时使用的数据都不一样，中期趋势与长期趋势亦然，反过来趋势级别的大小也可以通过周期来进行衡量。

第一节　道氏理论是基础

道氏理论认为，市场中同时存在三种运动，分别是短期趋势、中期趋势和长期趋势。

作为技术分析的研究者，这句话大概已经把多数人的耳朵磨出了老茧，但一句话能从20世纪流传至今，并仍然被奉为经典，就足以说明其价值。

但知识不是古董，它的价值不会随着你放的时间长而得到提升，想要真正体现知识的价值，就要能够深入研究和掌握它。

关于这三种趋势，我们看似熟悉，然而我发现，研究者们对它们的研究是如此之少，以至于大多数投资者甚至不知道该如何界定这三种趋势。

根据弘历先大后小的理念，我们先从长期趋势开始谈起。

很多初入市的投资者不喜欢关注长期趋势，他们认为这种迟钝的趋势不能为自己带来利润。但若想要在股市中拥有持续盈利的能力，就必须对长期趋势的规律有深刻的理解。

在第二章中我们提到，技术分析的本质其实是解决两个问题，一个是操作的时机，一个是操作的标的。其中选择操作时机的第一步就是对市场的背景有所了解，而这种了解背景的本质就是对趋势的研究。抄底卖顶是每一个技术分析者梦寐以求的状态，显然，想要达成这一状态，对于趋势尤其是长期趋势的研究必不可少。

实际上长期趋势本身反映的就是国民经济的增长，当然，这并不意味着某一年年线收阴就代表那一年国民经济不景气，而是

异级同构模型

长期的变化趋势反映整体国民经济的增长情况，如下图所示。

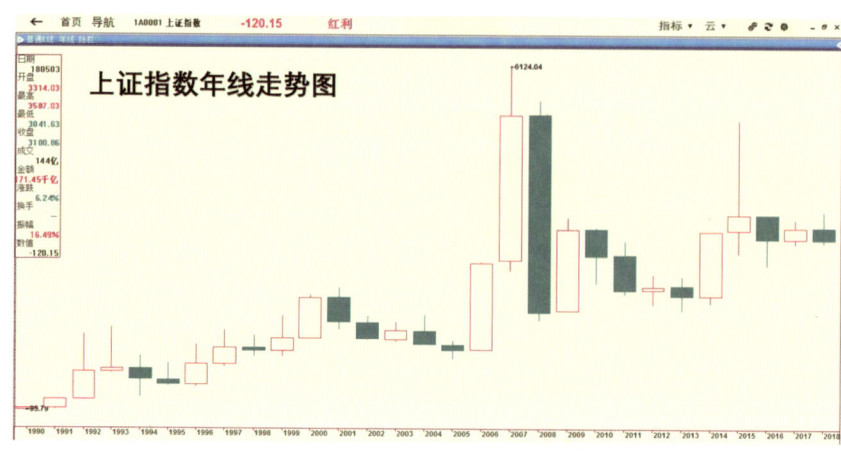

图 7.1.A　上证指数年线示意图

如图 7.1.A 是 1A0001——上证指数从 1990 年到 2018 年的年线示意图，可以看到，28 年来，指数年线虽然有涨有跌，但是其点位已经从最初的两位数到现在的四位数，所以实际上指数的长期趋势一直是在上涨的，这也是像很多投资者套牢之后选择"潜伏"等待解套的机会一样，市场的长期趋势总是在缓慢上涨的，多数情况下，若不计算时间成本，总是能够解套的。

当然，这种解套方法我不推荐任何人采用，因为花费的时间成本太大了，等你解套，别人已经用同样的时间翻了好几倍了。

在导读中提到，趋势与周期之间存在着深刻的联系，我们既可以用周期来划分趋势，也可以根据趋势级别选择分析周期的数据。

在对长期价格趋势的研究中，我们可以发现，在大多数走势中，股价或指数从一个长期趋势的底部到一个长期趋势的顶部，或者从长期趋势顶部到长期趋势底部，这一周期一般倾向于 3 年、5 年、7 年或 10 年。

对于这种长期趋势与牛熊周期的研究，有一个有趣的研究成果被称为"十年周期理论"，其具体内容为：众多的牛市顶部出现在以 0、3、6、9 为尾数的年份；而在许多的熊市底部出现了以 4 和 7 为尾数的年份。在此基础上，我们发现，在以 5 和 8 为尾数的年份里，股价或指数的走势往往处于牛市之中，而在 1 和 2 为尾数的年份里，趋势没有体现出明显的规律性。

年份尾数	1	2	3	4	5	6	7	8	9	0
走势情况	趋势无倾向	趋势无倾向	牛市顶部	熊市底部	牛市之中	牛市顶部	熊市底部	牛市之中	牛市顶部	牛市顶部

图 7.1.B　长期趋势的"十年周期理论"

图 7.1.B 为十年周期理论的示意表格，所以当你不知道长期走势接下来会如何变化，或者当前处于什么状态时，不妨翻翻日历。

当然，十年周期理论对于研究者来说还有一个作用，即判断中期趋势的特征，因为中期趋势在牛市和熊市中表现出来的特征是不同的。

关于趋势和周期的研究还有一个课题：临近的两个主要趋势之间，从时间和空间上是否存在内在联系？

这个课题简而言之，就是临近的牛熊市之间在持续时间和涨跌幅度之间有何关系。这个课题的研究成果也很有趣，一般来说，相邻的一轮牛熊市之间的持续时间长度是呈现此消彼长规律的，也就是说，牛市越长，接下来的熊市就越短。如果你发现熊市持续时间远远超过前期的话，就不要对接下来的牛市抱太大的希望。

另一方面，相邻的一轮牛熊市之间的涨跌幅度对比也是呈现这种趋势，持续时间越长的牛市，涨幅也就越大，紧邻的这一轮熊市的涨幅和持续时间都会相应缩短；反之亦然。

接下来就是在长期数据统计中得到的几个关于长期趋势的规律：

异级同构模型

1. 通常情况下，在一轮牛市中，股价或者指数从底部上涨到顶部，其涨幅通常能够达到80%左右；而在熊市中，股价或者指数从顶部下跌到底部，其跌幅通常为32%或者更多。

2. 主要趋势倾向于在一年之中的最后六个月出现，在很多情况下，主要趋势的反转明显受到经济周期的影响，所以有时候技术分析和基本分析相结合，会有意想不到的收获。当然，为了不偏离主题，关于这个课题，我们不妨留到以后细细讨论。

3. 一般情况下，我们可以预期牛市顶部的成交量是上一个熊市末期成交量的3到6倍，所以当难以把握当前是调整还是见顶的时候，对比一下成交量吧。

长期趋势的规律并不多，但是每一条都值得研究者深入研究，将这些看似简单的规律融入你的操作体系之后，往往能发挥意想不到的巨大作用。

中期趋势的规律

与长期趋势相比，中期趋势的研究价值更大，毕竟大多数投资者在股市中的获利都与中期趋势息息相关。

研究中期趋势的前提是首先要能够区分中期趋势。中期趋势是一轮牛市中的重要下跌，或者是一种熊市中的重要上涨，因为与主要运动的方向相悖，所以又被称为"次级运动"。

次级运动的持续时间通常为三周到数月之间，股价或指数的回调／反弹幅度一般为上一波基本运动幅度的1/3到2/3之间，一旦其幅度超过这个区间，就要格外注意，因为这往往意味着次级运动可能转化为主要趋势，即趋势发生反转。

前文中提到中期趋势在牛市和熊市中体现出的特点各不相同，下面我们就来了解一下这一规律。

在牛市中，中期趋势会体现出如下特点：

1．当股价或者指数的主要阶段涨幅较小时（"较小"一般是指与前一波主要趋势或者前一轮牛市中的主要趋势的平均涨幅相比），其随后的中期趋势回调的幅度会倾向于更大。

2．当股价或者指数的主要阶段涨幅较大时，其随后的中期趋势回调幅度会倾向于更小。

在熊市中，中期趋势会体现出如下特点：

1．当股价或者指数的主要阶段下降的幅度较小时（这个"较小"是指与前一波主要趋势或者前一轮熊市中的主要趋势的平均跌幅相比），其随后的中期趋势反弹的幅度会倾向于更大。

2．当股价或者指数的主要阶段下跌幅度较大时，其随后的中期趋势反弹幅度会倾向于更小。

3．如果某一个中期趋势的反弹幅度达不到此前长期下跌幅度的 50%，则随后的主要阶段的下跌幅度会倾向于更大。

4．如果某一个中期趋势的反弹幅度超过了此前长期下跌幅度的 50%，则随后的主要阶段下跌幅度将会倾向于更小。

将中期趋势的规律总结一下，我们可以知道，不论是牛市还是熊市，当上涨强势时，所有上涨运动（不管是主要趋势还是次要趋势）的持续时间和幅度都会倾向于更多，所有下跌运动（不管是主要趋势还是次要趋势）的持续时间和幅度都会倾向于更少；反之，当下跌强势时，所有下跌运动（不管是主要趋势还是次要趋势）的持续时间和幅度都会倾向于更多，所有上涨运动（不管是主要趋势还是次要趋势）的持续时间和幅度都会倾向于更少。

前文中讨论了长期趋势与周期的关系，下面我们来研究一下中期趋势与周期之间又有着哪些规律。

实际上，对中期趋势的研究显示，它们也会表现出相当强的周期性，比如熊市的主要阶段一般会开始于 3 月至 5 月之间，在 6 月的时候结束（此处的结束不一定是趋势的结束，可能仅仅是

异级同构模型

次级运动的开始),也可能开始于9月,结束于12月。而作为中期趋势,我们可以预期熊市中的中期趋势开始于3月,结束于5月;开始于6月,结束于9月;或者开始于12月,结束于次年3月。

当然,这些规律不论是在牛市中还是在熊市中,都会受到季节变换(经济周期)的影响,因为股价变化包容消化一切,从另一个角度来说,任何交易行为都会影响到股价的变化。

除了周期性的规律之外,中期趋势的运动幅度也遵循着一定的规律。

在牛市中,股价或者指数的运行方式是不断突破前期高点,创出新高,如果你也对这种连续突破的走势做出细致的数据统计的话,就会发现,其突破前期高点的幅度也是有规律的,在牛市中连续的中期高点通常超出前一个中期高点的幅度一般在8%~18%之间。知道了这条规律,如果在牛市发现一波上涨的幅度在此区间,那么就应该做好应对走势回调的准备。

对于熊市中连续创新低走势的研究也能够发现类似的规律,在熊市中,连续的中期低点低于前一个中期低点的幅度通常在13%~25%之间。也就是说,如果在熊市中我们发现一波下跌的幅度在此区间内,那么我们就可以预期,一波在此基础上的反弹运动即将展开。

当然,对于中期趋势的研究不能总是依赖已有的研究成果,因为股市总是在变化的,很多规律实际上也在发生着缓慢地变化,而且一些规律只在特定的个股中有所体现。所以作为成熟的研究者,还要善于对规律进行修正和完善——这一点对于中期趋势来说尤为重要。

而想要做到这一点,对于中期趋势的研究就成为一个不可避免的事情。接下来我将介绍对中期趋势的研究思路,顺着这条思路，研究者可以更好地找到其中的规律。

1．对中期趋势的普遍性规律研究，最好通过相对可靠的平均指数（如大盘）来进行；

2．对中期趋势的研究最好结合主要趋势一同进行，如涨跌幅比例之类的规律，都要通过对比和统计才能够得出；

3．一般来说，对中期趋势的研究都是以"中期周期"为单位进行的，所谓中期周期是指在牛市中的一轮上涨与紧随其后的回调，或者熊市中的一轮下跌与紧随其后的反弹，也就是一涨一跌的走势，大部分市场中一般会包含三个半到四个半的"中期周期"；

4．在研究时需要注意，牛市中的中期周期与熊市中的中期周期所表现出的性质往往是不同的，有时也不是对应的，因为清盘阶段的恶性循环和积累阶段的良性循环，从本质上来讲是完全不同的；

5．中期周期所体现的性质可能会受到商业周期甚至节气变化的影响。

以上是中期趋势的研究思路，在实战中，运用中期思路的性质进行投资以期获利时，请牢记以下几点：

1．请在建立并完善自己的投资系统之后，再考虑入市；

2．每次入场之前都要对市场的未来变化有一个预期，并且做好市场变化与预期不符时承受损失的准备；

3．在每次使自身获利幅度超过5%之后，将盈利的三分之一取出留作储备资金，并在接下来的投资行为中不断重复这一过程，直到取出的储备资金量等于你入市的本金数量，此时对你来说，投资的风险已经降至零，因为无论如何都不会蚀本。

短期趋势的操作建议

作为一个市场研究者，我不敢妄言短期趋势的规律，实际上

异级同构模型

我也不相信一个会受到主力和庄家操纵的趋势会有什么规律,如果一定要说有什么规律的话,那就是短期趋势总会倾向于朝着能够让市场中大多数人亏损的方向运行(因为这是庄家和主力的期望)。

但不可否认的是,短线操作的确是市场上来钱最快,也是最刺激的选择之一,所以我也无权禁止大家选择短期趋势作为自己的投资方式(虽然我绝不建议大家这么做)。在这里,我只能为短线投资者提供一些操作上的建议:

大体上来说,通过短线趋势获利可以凭借三种方法,一种是祈祷上帝保佑,另一种方法被我称为"逆行驾驶",最后一种是"大数法则"。

关于第一种方法,因为我不是神父,所以请原谅我没什么可以教你的;

至于第二种方法,我还是有所研究的,我的一位朋友曾经对我说,他发现能够通过短期趋势获利的人身上都有各自独特的气质,与一般的投资者决然不同。

后来随着对这些人的研究和了解,我发现了他们身上气质独特的原因,同时这也是他们能够通过短期趋势进行获利的本质——他们对贪婪与恐惧这两种感情的表现与大多数人完全不同,这决定了他们的处事方式(至少是股市中的操作方式)与大多数投资者都不同,他们就像是高速路上仅有的一辆逆行驾驶的汽车,总会在一些紧要的转角处选择与众不同的方向,这使得庄家和主力的伎俩对他们难以发挥效果,所以他们能够通过短期趋势进行获利;

最后一种获利的方法是"大数法则"。世界范围内,在这方面最享誉盛名的是海龟交易系统,其核心理念就是通过某种获利的概率高于亏损概率的交易模式,进行大量的交易,最后的结果就是总体上的收获大于亏损，从而在规律不明显的短期趋势中获取收益。

如果你已经决定要通过短期趋势进行获利的话，个股的选择是非常重要的，它最好尽可能多的符合下面的几个特征：

1．这只股票最好是一家龙头企业的股票（或者当前热点板块中的龙头股）；

2．这只股票最好是一家财务状况良好的企业的股票，最好这家企业当前业绩仍在提升；

3．这只股票最好是活跃股票榜上前100名；

4．对于短线操作者来说，选择股票流通盘较小的个股会更有优势；

5．在你选择买入时，这只个股的价格范围不能超过市面上所有个股平均价格的3.5倍。

如果你找到符合上述条件的个股，就可以将它作为理想的短期投资标的了。

长期趋势中主要运动与次级运动的持续时间

下面我们来了解一下长期趋势中的主要运动与次级运动持续的平均时间的大致范围，根据这一时间范围，我们可以判断趋势的级别。

熊市中的主要运动平均持续77个交易日（此处的主要运动并非指整个熊市的下跌时间，而是两次反弹之间的主要运动），而其中的反弹运动持续时间平均为46个交易日；牛市中的主要运动平均持续92个交易日，其中的回调运动持续时间平均为37个交易日。

前文中我们研究过牛熊市中次级运动与主要运动的幅度比例关系，所以次级运动的速度通常会比主要运动的速度快，这一规律可以用来判断主要趋势是延续还是转折。如果一个次级运动从运行的时间和幅度上都超过了平均值,此时任何转折信号的出现都更有说服力。另一方面,如果价格开始次级运动,之后的运行速度相比原本的主要趋势平缓,且还伴有其他的转折信号出现,我们可以判断这一次级运动有发展为新的主要趋势的可能。

前文中对短期趋势、中期趋势和长期趋势的研究,除了为各位研究者提供更多的灵感以及投资思路之外,更重要的是希望能让各位读者对这个层次分明的市场有一个明确的认识,以方便我们接下来进入主题。

第二节 何谓异级同构模型

在研究技术分析的时候,我们经常会听到或看到一句话:与趋势做朋友。在技术分析领域,趋势是非常重要的,因为所有的规律最终会体现在趋势上,甚至我们可以认为,没有趋势就没有技术分析。

追随趋势,获利就能事半功倍,如果看错了趋势,在股市中操作就仿佛逆水行舟,小的失误会造成大的亏损,再成功的操作也只能获得不多的利润,所以对趋势的判断是每一位技术分析研究者的必修课程。

但同时,对趋势的判断也一直是投资界的世界级难题,当一个高点或者低点出现时,谁也不能判断趋势是否已经反转,等到趋势已经明朗时,投资者却发现错过了一大波利润。股价的变化是庄家和主力精心编制的陷阱,投资者们苦盼多时的机会永远都是猜想。

趋势，并没有看上去那么简单。

万物相互关联，趋势之中还有趋势

实际上，趋势并不是单独存在的。在生活中，我们能够发现很多的关联性，比如亚马逊雨林一只蝴蝶一次偶然地振动翅膀，也许两周后就会在美国得克萨斯州引发一场龙卷风。股市中也是如此，成交量变化的蛛丝马迹，也许就预示着接下来数月乃至数年的股市趋势变化。但是生活中的预测我们喜欢以小见大，股市中的预测，尤其是对趋势的预测最好是以大见小。

作为规律的研究者，我们必须意识到，万事万物都是互相关联的，无论是蝴蝶效应，还是踢猫效应，其本质都是万物间关联性的体现，这种关联性在趋势之中也有所体现。

首先我们要认识到，股市中同时存在的趋势并非只有一种，在上一节中我们就研究了不同级别的趋势的性质。趋势之间的关联性是指在股市中趋势是以嵌套的形式存在的，小级别趋势存在于大级别趋势中，也就是说，趋势之中还有趋势。

而越大级别的趋势越容易判断，我们可以通过大级别趋势与小级别趋势之间的关联性，提高对于趋势判断的准确率。

这种思想的最终体现，就形成了一个全新的模型，名为"异级同构模型"。

异级同构一词来源于《周易》中的定理，这本书中对于天地万物结构关系的认知，被称为"异级同构"。

所谓异级同构，是指不同等级的事物其内部结构本质上并无不同，体现在股市中，就是不同级别的走势之间遵循同样的规律。

也许你会认为，这与上一节中提到的关于不同级别走势的性质不符，但实际上这种异级同构并非体现在各级别走势中的各种

异级同构模型

规律上,而是体现在各级别走势的趋势变化上。

每一个级别走势的趋势变化都是相似的(因为只有涨、跌和横盘三种状态),如果直接从走势图上来看这些趋势变化,因为各级别变化混杂在一起,就好像无数的噪音一样,自然什么规律也发现不了。

但是如果把各个级别的趋势单独拿出来进行分析,就可以看到一个层次分明的股市,每个层次间的趋势变化方式和规律都是相同的,不同层次之间的趋势变化还会互相影响,这样,就构成了一个复杂而庞大的模型,也就是接下来要研究的"异级同构模型"。

想要了解异级同构模型,首先要了解"异级"中都包含哪些级别。

实际上,我们可以认为股价在同一时间会表现出四种趋势级别,分别为:长期趋势、大级别趋势、中期趋势和小级别趋势(因为大级别趋势缺乏单独研究的意义,所以在前文中没有进行讨论)。

长期趋势是股市与经济的交融体现,代表着整体的经济增长方向和周期循环规律。

大级别趋势是反映经济从衰落、复苏、繁荣、恐慌周而复始的周期循环,是不会被操纵的周期。

中期趋势是投资者主要获利的趋势,具有规律明显且易把握的特点。

小级别趋势就是日常波动,往往具有快涨快跌的特点,同时也是最容易受到各方因素影响的趋势。

在了解了异级同构模型的理论基础与基本原理之后,我们就可以尝试建立这一模型了。

异级同构模型的建立

建立异级同构模型的第一步也是最难(主要是争议最多)的

一步，就是如何界定各级别趋势。

前文中关于各个级别趋势的持续时间与运行的幅度也进行了诸多的论述，也介绍了如何通过周期的方式来区分趋势的级别，整体来说，区分各级别趋势的方法有两种，一种是根据各级别趋势持续的时间不同来区分（通过周期进行区分的方式也属于此类），另一种是根据各级别趋势之间波动的幅度不同来区分。

在尝试建立异级同构模型时，我针对这两种方式做了相当多的尝试，也统计了大量的数据，最后发现，各级别趋势的差别在持续时间上体现得更加明显一些，而幅度上的差别在不同的个股上会有不同的体现，不适合建立具备普适性的模型。所以最终我选择通过统计各级别趋势的持续时间来作为界定各级别趋势的标准。

对于各级别趋势的持续时间统计结果非常有趣，我将其中的结果呈现如下：

长期趋势的持续时间在牛熊市中略有差别，在牛市中，长期趋势的持续时间在 28～320 个交易日之间；在熊市中，长期趋势的持续时间在 22～324 个交易日之间，根据历次走势中长期趋势实际持续时间的数值统计结果，我们可以选取长期趋势的持续时间范围平均值作为长期趋势的标准。

则根据前文中提到的时间范围，牛市中长期趋势的平均持续时间为 174 个交易日，熊市中长期趋势的平均持续时间为 173 个交易日，两者均值为 174 个交易日。因为长期趋势的持续时间概念是两个相邻的长期高点或者长期低点之间的交易日数量，而建立异级同构模型需要的是临近长期高点与低点之间的交易日数量，所以在模型中界定长期趋势的时长为 174 的一半，即 87 个交易日。

接下来是对大级别趋势的持续时间统计结果，与长期趋势不同

异级同构模型

的是，大级别趋势在牛市与熊市中的持续时间体现出明显的差别。

在牛市中，大级别趋势持续时间的均值为92个交易日，熊市中大级别趋势持续时间的均值为77个交易日，两者的均值为84个交易日。大级别趋势的持续时间这一概念同样是指两个相邻的大级别高点或者低点之间的交易日数量，所以在建立模型时，界定大级别趋势的时长为84的一半，即42个交易日。

对于中期趋势持续时间的统计工作给我造成了很大的麻烦——与长期趋势和大级别趋势相比，中期趋势的数据实在是太多了，其规律性也不是很明显，我花了很多时间才从这些纷乱的数据中找到规律。

一般来说，不管是在牛市还是熊市中，中期趋势的持续时间都为1-3个月，多数情况下为一个半月左右（此处中期趋势统计的是相邻的两个中期高点或者低点之间的交易日数量，之所以统计这一数值，是因为股价或者指数在这一数据上所表现出的规律，远比同级别临近高点与低点之间交易日数量上表现出的规律明显）。

一个月平均有30天，一个半月为45天，其中交易日的数量约为28天（排除掉周末休市及节假日的平均数量），前文中提到，建立异级同构模型需要的是临近中期高点与低点之间的交易日数量，所以建立模型所需的界定大级别趋势的时长为28的一半，即14个交易日。

对小级别趋势的持续时间统计则需要涉及更多的数据，最终的结果显示，一般来说，无论是在牛市还是熊市中，小级别趋势的持续时间都在6-12个交易日之间，一般为12个交易日，小级别趋势的持续时间的含义与大级别趋势和中期趋势的含义类似，指相邻两个小级别高点或低点之间的交易日数量，所以建立模型所需的界定小级别趋势的时长为6个交易日。

因为建立异级同构模型所需要的数值都是各级别趋势平均持续时间（也就是一个循环周期）的一半，所以这些数值被称为"半周期"，即长期趋势的半周期为 87 个交易日，大级别趋势的半周期为 42 个交易日，中期趋势的半周期为 14 个交易日，小级别趋势的半周期为 6 个交易日。

建立异级同构模型的难点除了需要区分不同级别的趋势之外，还有如何将四种级别的趋势同时体现到走势图中，这样才能够建立一个完整直观的模型。而通过对于不同级别趋势持续时间的长度的研究，我们可以区分这些趋势，而通过半周期，我们可以将这些趋势的走势体现在异级同构模型中。最终通过不同级别的趋势之间的叠加，以及半周期与实际走势转折点之间的契合，我们建立起了异级同构模型，如下图所示。

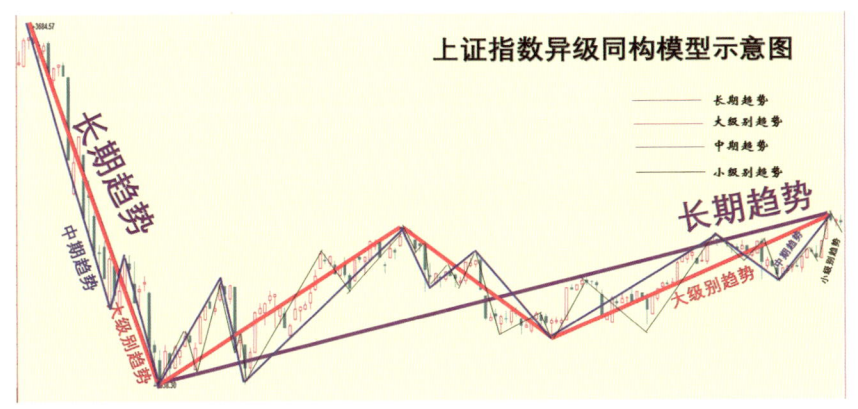

图 7.2.A　上证指数异级同构模型示意图

图 7.2.A 是上证指数中的一段走势图，这段走势属于典型的四种级别趋势交织的情况，不同级别的趋势在其中体现得非常明显，非常适合建立异级同构模型。

图中用紫色线条标记长期趋势，粉色线条标记大级别趋势，蓝色线条标记中期趋势，黑色线条标记小级别趋势，可以看到四

异级同构模型

种级别的趋势在走势中叠加运行，小级别趋势、中期趋势和大级别趋势在长期趋势之间，小级别趋势和中期趋势在大级别趋势之间，小级别趋势在中期趋势之间，直观地体现了不同趋势的运行状况，这就是前文中提到的不同级别的趋势之间的叠加。

半周期与实际走势转折点之间的契合要复杂一些，就是以当前交易日为基准点，基准点之前某个级别趋势的每个半周期之内，股价走势的最高点与最低点之间的连线即为该级别趋势的走势。比如连接基准点，之后每 6 个交易日中的最高点与最低点形成的折线，就是小级别趋势；中期趋势就是连接基准点之后每 14 个交易日中最高点与最低点形成的折线；大级别趋势就是连接基准点之后每 42 个交易日中最高点与最低点形成的折线；同理，长期趋势就是连接基准点之后每 87 个交易日中最高点与最低点形成的折线。最终，形成了如图 7.2.A 中的异级同构模型。

因为未来的走势总是不能确定，如何界定各级别趋势的上涨与下跌，就成了研究者迫切需要解决的问题。

半周期与趋势转折点的确认

各级别趋势转折点的确认或者说当前交易日所处的各级别趋势状态（上涨、下跌、横盘），是建立和使用异级同构模型的核心，不解决这个问题，异级同构模型就好像是一台没有发动机的跑车，看起来华丽，却没有实际作用。

前文中提到的异级同构模型中各级别趋势的走势，是通过连接半周期内的高低点形成的，所以各级别趋势的转折点就与当前交易日的价格和半周期有关。

以小级别趋势为例，小级别趋势的半周期为 6 个交易日，如果当前交易日的价格在之前 6 个交易日内的最高价与最低价之间，那么当前小级别趋势的方向由当前交易日之前 6 个交易日内的最高价与最低价连线决定：如果当前交易日价格创出 6 个交易日内的新高，则当前小级别趋势的方向向上（如原来的方向是向下的，则发生转折，转折点为 6 个交易日内的最低价）；如果当前交易日价格创出 6 个交易日内的新低，则当前小级别趋势的方向向下（如原来的方向是向上的，则发生转折，转折点为 6 个交易日内的最高价）。

其他级别趋势方向的确认方法与此相同，唯一不同的就是半周期的长度，在创出新低和新高之前，都默认趋势沿着原来的方向运行。

至此，异级同构模型的建立部分的论述基本告一段落，下面让我们来看一看，这一模型是如何为我们带来收益的。

第三节　异级同构模型实战

在对趋势的研究中，我们知道每种级别的趋势都存在着上升与下降两种情况（横盘的情况在后文中会有说明），在理想状况下，如果我们能够把握到任意级别趋势的转折点的话，四种级别趋势的搭配一共会产生十六种可能的点位，如下图所示：

长期趋势	上升								下降							
大级别趋势	上升				下降				上升				下降			
中期趋势	上升		下降		上升		下降		上升		下降		上升		下降	
小级别趋势	上升	下降	上升	下降	上升	下降	上升	下降	上升	下降	上升	下降	上升	下降	上升	下降
点位型号	①	②	③	④	⑤	⑥	⑦	⑧	⑨	⑩	⑪	⑫	⑬	⑭	⑮	⑯

图 7.3.A　异级同构模型点位操作对照表

异级同构模型

图 7.3.A 是四种级别的趋势同时存在时的 16 种可能的状态，这也产生了 16 种点位，同时这张表格也是异级同构模型中点位与操作的对照表格（稍后我会告诉大家如何使用它）。

下面我们来看一下，这 16 种点位在异级同构模型中出现的位置。

如果我们将走势剥离出来，理想的异级同构模型应该如下图所示。

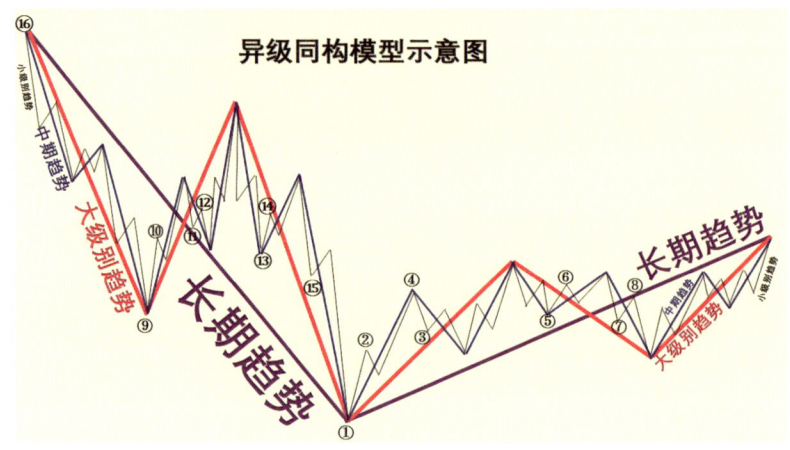

图 7.3.B　异级同构模型示意图

图 7.3.B 是理想的异级同构模型，理想的异级同构模型的特点是每一段趋势（即高点与低点之间的走势）都包含着三段下一级别的趋势。例如每一段长期趋势之内都包含着三段大级别趋势，如果这段趋势是上涨的，则包含的三段下一级别趋势分别是上涨、下跌和上涨，如果这段趋势是下跌的，则包含的三段下一级别趋势分别是下跌、上涨和下跌。

在图 7.3.A 中，用序号①至⑯标记了 16 种点位在模型中出现的位置（实际上每一种点位在模型中都有数个可能的出现位置，为避免混乱，图 7.3.B 中只是选取了其中的一个）。接下来让我们逐一研究这 16 个点位所代表的含义以及合适的操作方法，每个点位都对应着一句口诀。如图 7.3.C 所示：

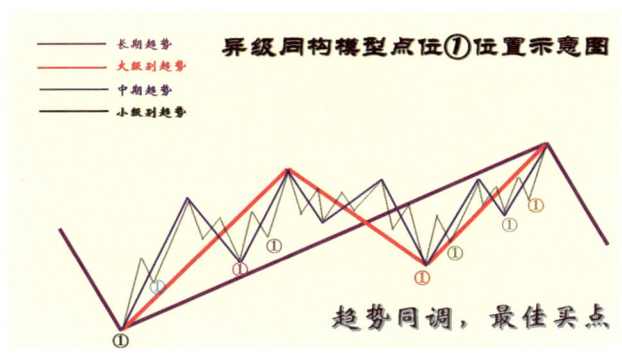

图 7.3.C　异级同构模型点位①位置示意图

图 7.3.C 是异级同构模型中点位①可能出现的所有位置的示意图，根据图 7.3.A 中的表格，点位①的特点是长期趋势、大级别趋势、中期趋势和小级别趋势都是向上的，可以看到，在理想的异级同构模型中，共有 8 个点位符合条件，分别用黑色、蓝色、粉色、紫色、红色、绿色、灰色和棕色 8 种颜色标记。

点位①的含义是所有级别的趋势全部同调向上，代表着趋势的强势，是最佳的买点，所以点位①的口诀是"趋势同调，最佳买点"。越早出现点位①，所代表的机会越大，在一段趋势中，首次出现的点位①拥有最大价值，如果前期已经出现了数个点位①，则其代表的机会就不一定很大了。

当然，在实际走势中，我们不可能在图中黑色点位①标识的位置就知道长期趋势是向上的，确认这一点位可能会稍微滞后一些，但此点位附近都是良好的买入机会。需要注意的是，在实际走势中我们不可能在转折点的起始位置就发现转折，所以很多时候实际的点位要比理想模型中的点位滞后，这就决定了有些看似是机会的位置参与风险过大,而一些看似风险的位置反而孕育着机会。

当然,异级同构模型的宗旨是以安全性为主,在随后的讲述中,我会说明这些风险与机遇的位置,但并不建议大家参与风险较大的买点。这一点在实际使用异级同构模型的时候必须要特别注意。

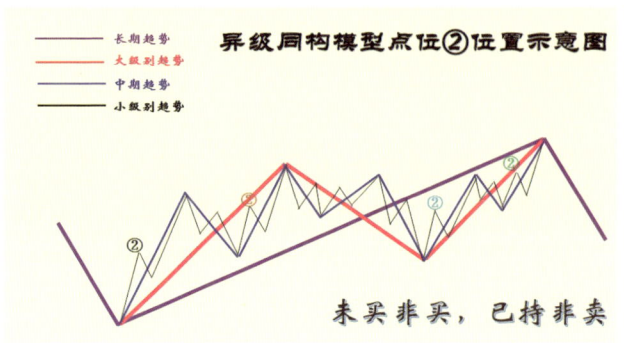

图 7.3.D　异级同构模型点位②位置示意图

图 7.3.D 是异级同构模型中点位②可能出现的所有位置的示意图,根据图 7.3.A 中的表格,点位②的特点是长期趋势、大级别趋势和中期趋势都是向上的,而小级别趋势是向下的,可以看到,在理想的异级同构模型中共有四个点位符合条件,分别用黑色、棕色、蓝色和绿色进行标记。

点位②的含义是除了小级别趋势之外的所有级别的趋势全部向上,代表着趋势的强势,但点位②并非良好的买点,同时因为趋势的强势,所以此时已经持股的投资者只需持股待涨即可,简称为"未买非买,已持非卖"。

如果你是长期投资者,并不在乎短期利润的话,点位②亦可作为短期买入点,与点位①相似的是,越早出现的点位②代表的机会越大,如果之前已经出现过数个符合条件的点位②,就代表着风险已经相当大了。

点位③的性质与点位②非常相似,如下图所示。

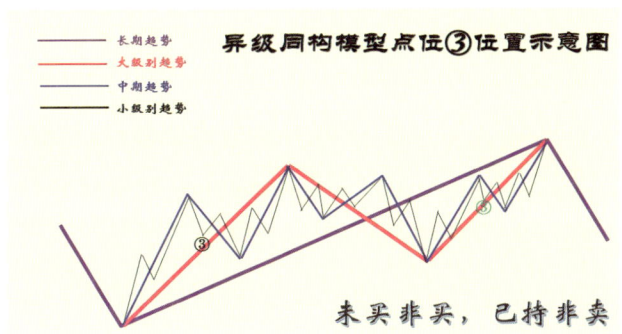

图 7.3.E　异级同构模型点位③位置示意图

图 7.3.E 是异级同构模型中点位③的所有可能出现位置的示意图，根据图 7.3.A 中的表格，点位③的特点是长期趋势、大级别趋势和小级别趋势都是向上的，而中期趋势是向下的，在理想的异级同构模型中，共有两个点位符合点位③的条件，分别用黑色和绿色标记。

点位③的含义是除了中期趋势之外的所有级别的趋势全部向上，代表着长期趋势依旧向好，但点位③的风险要稍大于点位②，虽然短线是上涨的，但同样并非良好的买点。同时因为趋势的强势，所以此时也不是良好的卖点，已经持股的投资者只需持股待涨即可，口诀与点位②相同，都是"未买非买，已持非卖"。

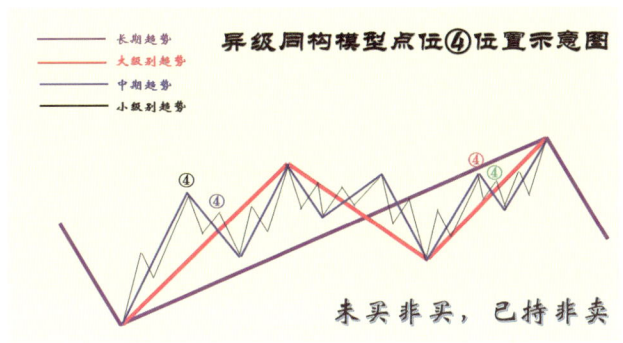

图 7.3.F　异级同构模型点位④位置示意图

异级同构模型

图 7.3.F 是异级同构模型中点位④可能出现的所有位置的示意图，根据图 7.3.A 中的表格，点位④的特点是长期趋势和大级别趋势是向上的，而中期趋势和小级别趋势是向下的，在理想的异级同构模型中，共有四个点位符合点位④的条件，分别用黑色、蓝色、红色和绿色标记。

点位④的含义是长期趋势和大级别趋势全部向上，代表着长期趋势依旧向好，但中期趋势和小级别趋势全部向下，所以风险要大于点位③和点位②，长期向好，短期下跌，不宜作为买入点，也不宜作为卖出点，所以操作策略与点位③和点位②相同，即"未买非买，已持非卖"。

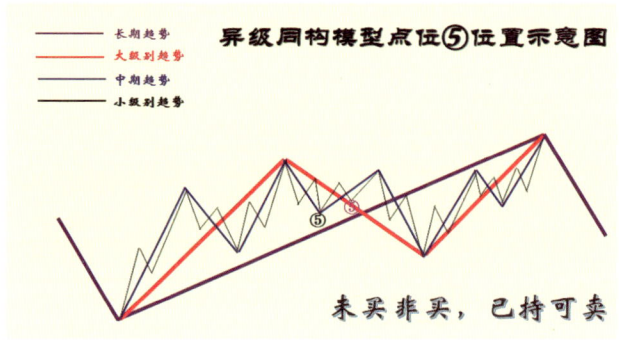

图 7.3.G　异级同构模型点位⑤位置示意图

图 7.3.G 是异级同构模型中点位⑤可能出现的所有位置的示意图，在理想的异级同构模型中，有两个点位符合点位⑤的条件，分别用黑色和粉色标记。

点位⑤的含义是长期趋势、中期趋势和小级别趋势全部向上，大级别趋势向下，虽然长期趋势是上涨的，但是大级别趋势向下意味着大概率出现中期级别甚至更大级别的下跌，所以点位⑤并非一个合适的买点，如果投资者此时持股的话，可以考虑适当减仓甚至作为短期卖点。当然，因为长期趋势是向上的，所以也可以继续持有。点位⑤的口诀是"未买非买，已持可卖"。

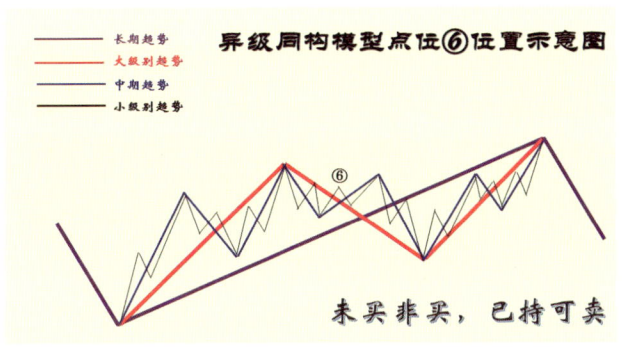

图 7.3.H　异级同构模型点位⑥位置示意图

图 7.3.H 是异级同构模型中点位⑥可能出现的位置示意图，在理想的异级同构模型中，只有一个点位符合点位⑥的条件，用黑色标记。

点位⑥所代表的含义是长期趋势和中期趋势向上，大级别趋势和小级别趋势向下，与点位⑤相似，大级别趋势向下意味着相当大的风险，所以点位⑥同样不是一个合适的买点。如果投资者此时持股的话，可以考虑适当减仓，甚至作为卖点。当然，因为长期趋势是向上的，所以也可以继续持有。点位⑥的口诀与点位⑤相同，即"未买非买，已持可卖"。

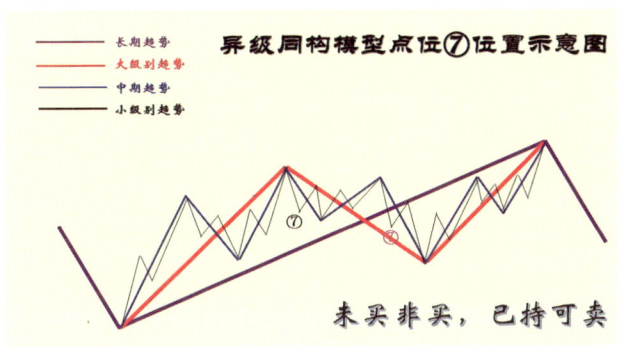

图 7.3.I　异级同构模型点位⑦位置示意图

异级同构模型

图 7.3.I 是异级同构模型中点位⑦可能出现的位置示意图，在理想的异级同构模型中，有两个点位符合点位⑦的条件，分别用黑色和粉色标记。

点位⑦所代表的含义是长期趋势和小级别趋势向上，大级别趋势和中期趋势向下。与点位⑥相比，点位⑦的中期趋势是向下的，所以点位⑦的风险比点位⑥要大；在操作策略方面，点位⑤、⑥、⑦的口诀是相同的，即"未买非买，已持可卖"。

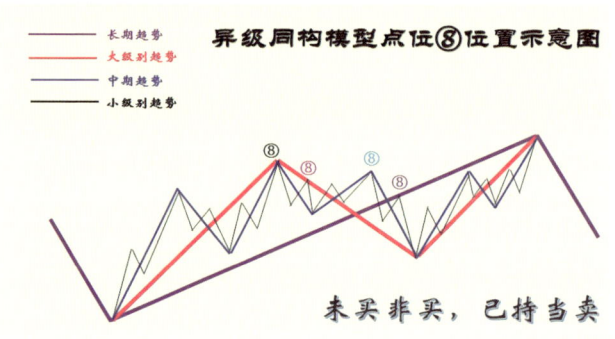

图 7.3.J 异级同构模型点位⑧位置示意图

图 7.3.J 是异级同构模型中点位⑧可能出现的所有位置的示意图，在理想的异级同构模型中，共有四个点位符合点位⑧的条件，分别用黑色、粉色、蓝色和紫色标记。

点位⑧所代表的含义是除了长期趋势向上之外，其他级别趋势都是向下的，点位⑧的风险大于点位⑤、⑥、⑦，并且很可能会伴有中期以上级别的下跌，是一个良好的卖点，其口诀是"未买非买，已持当卖"。

至此，长期趋势向上的 8 个点位已经介绍完毕，下面我们来了解长期趋势向下的 8 个点位。

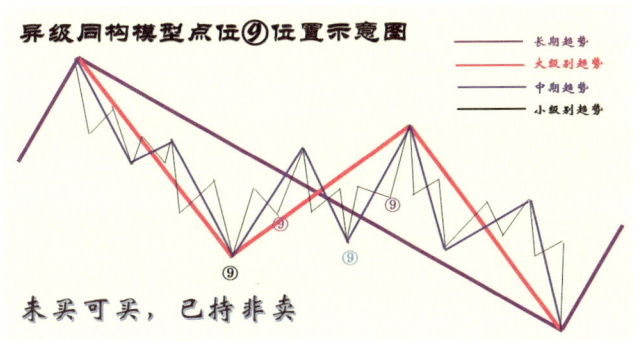

图 7.3.K　异级同构模型点位⑨位置示意图

图 7.3.K 是异级同构模型中点位⑨可能出现的所有位置的示意图，在理想的异级同构模型中，共有 4 个点位符合点位⑨的条件，分别用黑色、粉色、蓝色和紫色标记。

点位⑨所代表的含义正好与点位⑧相反，是除了长期趋势向下之外，其他级别趋势都是向上的，所以其操作策略也与点位⑧相反，点位⑧是一个卖点，所以点位⑨可以作为一个买点。但是因为长期趋势是向下的，所以这个买点的风险性还是有的，因此投资者可以选择在此买入，也可以选择不买入，如果已经持有的话，此时也不宜作为卖点，毕竟小级别趋势、中期趋势和大级别趋势都是向好的。所以点位⑨的口诀是"未买可买，已持非卖"

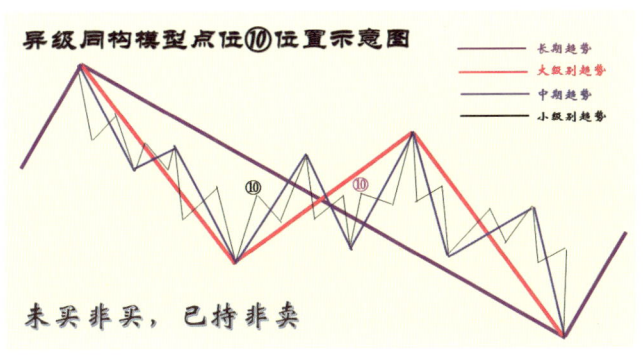

图 7.3.L　异级同构模型点位⑩位置示意图

图 7.3.L 是异级同构模型中点位⑩可能出现的位置示意图，在理想的异级同构模型中，有两个点位符合点位⑩的条件，分别用黑色和粉色标记。

点位⑩所代表的含义是长期趋势和小级别趋势向下，大级别趋势和中期趋势是向上。各级别趋势参差交错，机会与风险并存，后市发现蕴含无限可能，所以此时宜观望，等待市场进一步变化。所以点位⑩既不是买点也不是卖点，其口诀是"未买非买，已持非卖"。

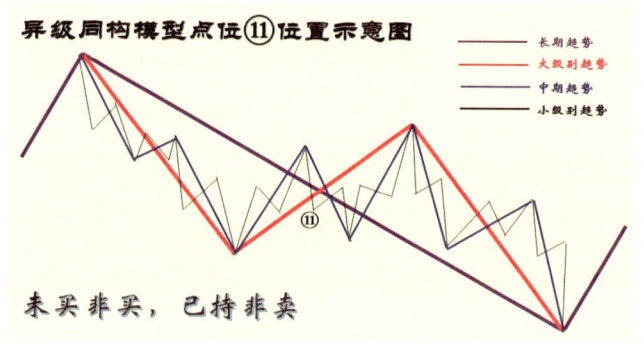

图 7.3.M　异级同构模型点位 ⑪ 位置示意图

图 7.3.M 是异级同构模型中点位⑪可能出现的位置示意图，在理想的异级同构模型中，只有一个点位符合点位⑪的条件，用黑色标记。

点位⑪所代表的含义是长期趋势和中期趋势向下，大级别趋势和小级别趋势向上，同样属于各级别趋势参差交错的情况，机会与风险并存。点位⑪与点位⑩相似，既不是买点也不是卖点，其口诀是"未买非买，已持非卖"。

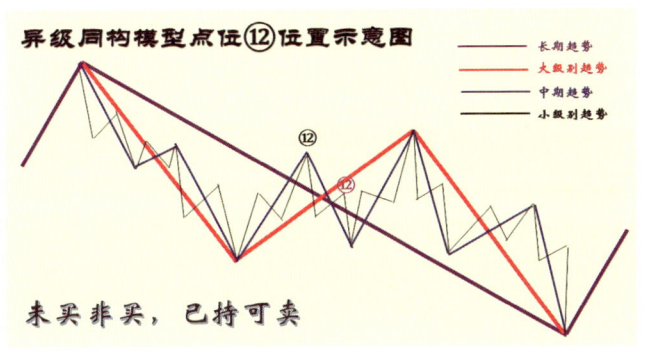

图 7.3.N　异级同构模型点位 ⑫ 位置示意图

图 7.3.N 是异级同构模型中点位 ⑫ 可能出现的位置示意图，在理想的异级同构模型中有两个点位符合点位 ⑫ 的条件，在图中分别用黑色和粉色标记。

点位 ⑫ 所代表的含义是除了大级别趋势是向上的之外，其他三个级别的趋势都是向下的，明显这一点位风险较大，投资者可以将这一点位作为卖点，也可以在此处进一步观望。点位 ⑫ 的口诀是"未买非买，已持可卖"。

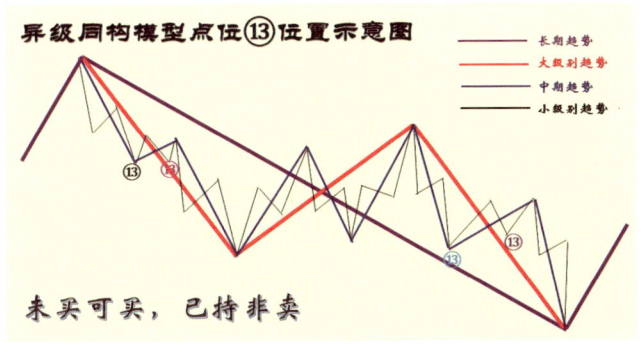

图 7.3.O　异级同构模型点位 ⑬ 位置示意图

图 7.3.O 是异级同构模型中点位 ⑬ 可能出现的所有位置的示意图，在理想的异级同构模型中，共有 4 个点位符合点位 ⑬ 的

条件，在图中分别用黑色、粉色、蓝色和紫色标记出来。

点位⑬所代表的含义是相对重要的长期趋势和大级别趋势是向下的，而中期趋势和小级别趋势是向上的。在实际走势中，这两个级别的趋势同时向上，很有可能是趋势反转的信号，但此时大级别趋势和长期趋势都是向下的，风险仍然存在，投资者可以以这一点位作为买点，也可以在此处进一步观望。点位⑬的口诀是"未买可买，已持非卖"。

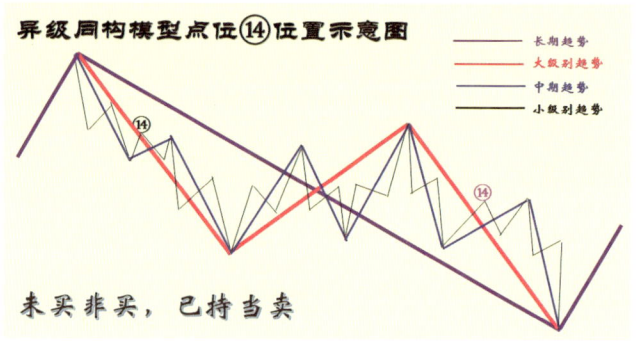

图 7.3.P　异级同构模型点位⑭位置示意图

图 7.3.P 是异级同构模型中点位⑭的所有可能出现位置的示意图，在理想的异级同构模型中共有两个点位符合点位⑭的条件，在图中分别用黑色和粉色标记。

点位⑭所代表的含义是除了中期趋势是向上的之外，其他三个级别的趋势都是向下的，与点位⑭相比，风险进一步扩大，此时投资者应积极卖出回避风险，点位⑭的口诀是"未买非买，已持当卖"。

图 7.3.Q 是异级同构模型中点位⑮可能出现的所有位置的示意图，在理想的异级同构模型中，共有四个点位符合点位⑮的条件，在图中分别用黑色、粉色、蓝色和紫色进行标记。

点位⑮所代表的含义是除了小级别趋势是向上的之外，其他

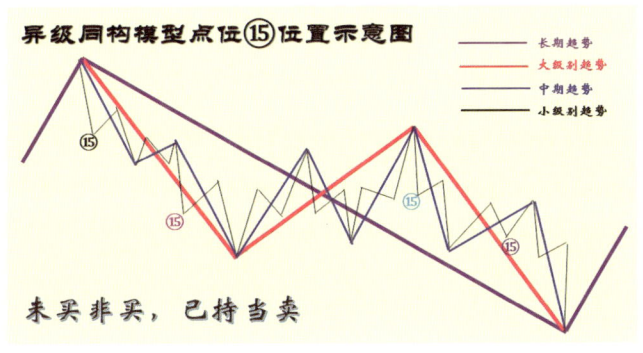

图 7.3.Q　异级同构模型点位 ⑮ 位置示意图

三个级别的趋势都是向下的，风险比点位 ⑮ 还大，此时投资者应积极卖出回避风险，点位 ⑮ 的口诀同样是"未买非买，已持当卖"。

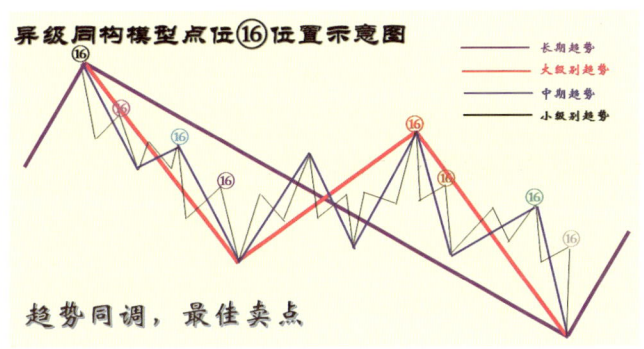

图 7.3.R　异级同构模型点位 ⑯ 位置示意图

图 7.3.R 是异级同构模型中点位 ⑯ 可能出现的所有位置的示意图，在理想的异级同构模型中共有八个点位符合点位 ⑯ 的条件，在图中分别用黑色、粉色、蓝色、紫色、红色、棕色、绿色和灰色进行标记。

点位 ⑯ 与点位 ① 相对应，其所代表的含义是所有级别趋势全部同调向下，代表着趋势的弱势，是最佳的卖点。点位 ⑯ 的口诀是"趋势同调，最佳卖点"。

以上是 16 种可能的点位代表的含义和操作的策略，当然在图

7.3.A 的表格中我们忽略了横盘的情况，这样做是为了不让模型过于复杂，难以理解和记忆。实际上横盘的情况很好解决，如某一级别的趋势呈现横盘走势，则忽略这一级别趋势所造成的影响，这一级别的方向与半周期内最高点与最低点之间的连线方向相同（除了停牌的股票，我还没在任何走势上见到过半周期内最高点与最低点连线是水平方向的情况）。

异级同构模型实战案例

异级同构模型与其他模型都不同，因为这种模型在实战中的要点都在近期趋势未明的这段走势中，根据已有走势进行说明的方法意义不大，所以对于这一模型的实战案例说明无须大篇幅的阐述。

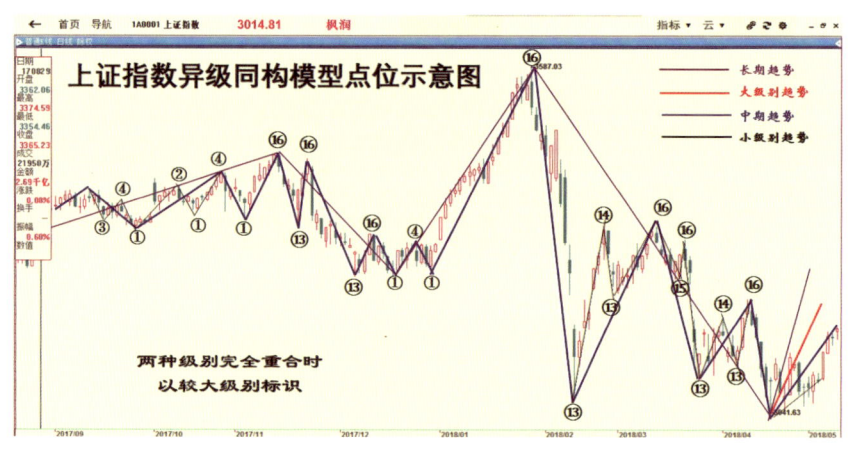

图 7.3.S　上证指数异级同构模型实战

如图 7.3.S 是 1A0001——上证指数从 2017 年 8 月 22 日到 2018 年 5 月 10 日的日 K 线走势图，图中建立了一个异级同构模型，用紫色线条标记长期趋势，红色线条标记大级别趋势，蓝色线条标记中期趋势，黑色线条标记小级别趋势。

需要注意的是，在本案例中，当两种级别的趋势重合时，以较大级别趋势的颜色进行标识，这是一种可以有效防止混乱的方法，各位研究者在实战时不妨采纳。可以看到，图中大级别趋势几乎完全被长期趋势所覆盖，小级别趋势也时常被中期趋势覆盖。

图中标记了每一个转折点类型，图中共出现了八种点位，分别是点位①，②，③，④，⑬，⑭，⑮，⑯。根据口诀可知，点位①为最佳买点，点位⑬为买点，而点位②，③，④为观望点，点位⑯为最佳卖点，点位⑭和⑮为卖点。

在本案例中共标记了十二个低点，除了点位③作为次低点没有操作建议，低点⑮作为下跌趋势中的反弹点建议卖出之外，剩余十个良好的买入点位，一半是点位①，一半是点位⑬，在实际操作中，投资者根据口诀买入，获利可期。

本案例中还出现了十三个高点，其中点位②和点位④的位置（观望点）均为次高点，后期指数都创了新高，而点位⑭的位置也是指数反弹之后的高点。在一波下跌中，点位⑯第一次出现时代表的风险最大；连续出现时，随着出现次数的增多，风险逐渐降低。在上图中，这条规律体现得十分明显。

当然，由于异级同构模型的特殊性，这种分析除了证明口诀无误之外，并无更多意义。

想要在实战中应用好这一模型的研究者，更需要关注的是图中最右侧没有被标记出来的部分，这是2018年4月18日的低点3041.63点。之所以没有标记这一点，是因为以当前的走势来看，除了可以确认这一点位是小级别趋势的低点之外，剩下三种趋势是会继续延续还是会转折，以及转折点出现在哪里，现在还都无从判断。

想要了解判断异级同构模型中各级别趋势转折的方法，我们不妨把这一段走势放大，如下图：

异级同构模型

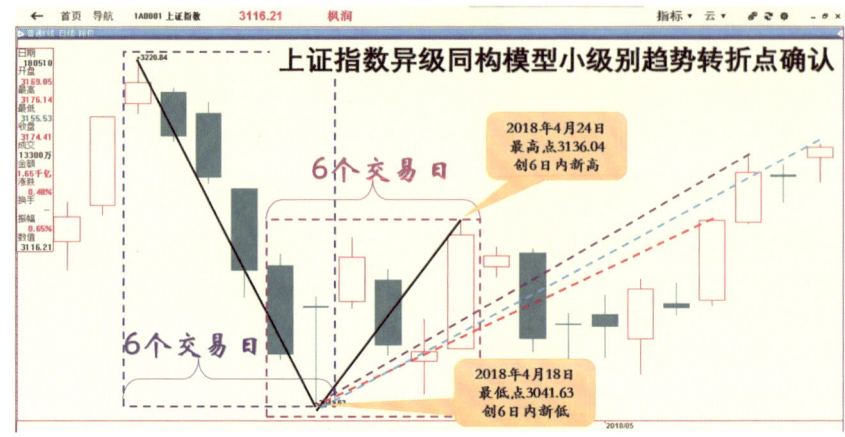

图 7.3.T　上证指数异级同构模型小级别趋势转折点的确认

图 7.3.T 是 1A0001——上证指数从 2018 年 4 月 3 日到 2018 年 5 月 10 日的日 K 线走势图，图中用黑色线段标记小级别趋势。

可以看到，图中有两个虚线框，分别用粉色和蓝色标记，每个虚线框内都是 6 个交易日，也就是小级别趋势的半周期长度，首先看左侧蓝色虚线框，可以看到，其中的走势一直在创新低，当 2018 年 4 月 18 日出现低点 3041.63 点的时候，已经是 6 个交易日内的最低点了（虚线框的下沿即为 4 月 18 日最低点水平线）。根据异级同构模型中各级别趋势的确认规律，则应从同级别趋势中的前一高点连一条趋势线到这一低点，若未来指数再创新低，则从前一高点连接新低点。

而在粉色虚线框中，指数经历了反复震荡的过程，但是一直没有创前期的新低或者新高，直到 2018 年 4 月 24 日，指数出现高点 3136.04 点，创了 6 个交易日内的新高（虚线框上沿即为 4 月 24 日的最高点水平线）。根据异级同构模型中各级别趋势的确认规律，则应从同级别趋势中的前一低点连一条趋势线到这一高点。前一低点我们刚刚得出，是 2018 年 4 月 18 日的 3041.63 点，从这一低点连接一条趋势线到 2018 年 4 月 24 日的高点 3136.04

点，则此时一个小级别趋势的低点就得到了确认，即3041.63点。

其他各级别趋势的高低点确认方式与此相同。

在之后的走势中若指数再次创出新高，则连接3041.63点与新高点，如图中红色、紫色和蓝色三条虚线所示。

这就是异级同构模型在实战中需要注意的最重要一点，一旦研究者学会了确认各级别趋势的转折点，那么只需要牢记口诀，就可以轻松使用异级同构模型了。

股海拾贝

本章中的内容主要是对于异级同构模型的论述，第一节主要涉及建立模型的理念，第二节主要涉及建立模型的方法，第三节是关于模型的实际应用，主要是各种情况所对应的口诀。

① 趋势同调，最佳买点； ② 未买非买，已持非卖；
③ 未买非买，已持非卖； ④ 未买非买，已持非卖；
⑤ 未买非买，已持可卖； ⑥ 未买非买，已持可卖；
⑦ 未买非买，已持可卖； ⑧ 未买非买，已持当卖；
⑨ 未买可买，已持非卖； ⑩ 未买非买，已持非卖；
⑪ 未买非买，已持非卖； ⑫ 未买非买，已持可卖；
⑬ 未买可买，已持非卖； ⑬ 未买非买，已持当卖；
⑯ 未买非买，已持当卖； ⑯ 趋势同调，最佳卖点。

本章中你在学习异级同构模型时有哪些收获呢？不妨列在下面吧！

异级同构模型

我的"贝壳"陈列馆：

1.
2.
3.
4.
5.
6.
7.
8.

第八章　异级同构总论

异级同构模型

导读——不忘初心，方得利润

股市的特性就注定了投资总会充满各种风险和未知，永远不会是一帆风顺。零和游戏的本质决定了每一次利益的获得都是博弈的结果，想要取得博弈的胜利，智慧和经验缺一不可。

大多数人投资的目的是为了获取利润，但是随着时间的推移以及对股市中规律的不断深入研究，人们往往会忘记自己的初心，沉迷于股市中纷繁复杂的规律，浩如烟海的技法，但其实，我们真正想要的仅仅是赚钱而已。

第一节　在股市中盈利的方法

在本章前言中提到，投资者们入市的"初心"都是为了赚钱，如何在股市中盈利实际已是一个涉及诸多方面的课题。毕竟影响股市变化的因素实在是不少，影响投资者获利的因素就更多了，以至于不少投资者认为炒股和赌博差不多，结果只能听天由命。

事实当然并非如此，对于如何在股市中获利这一课题，股市中的研究者们留下了诸多的研究成果，我也有一些心得愿意与大家分享。

汲取知识的最好时机

很多投资者都陷入一个怪圈，每逢投资的关键时刻，总是觉得学到用时方恨少，掌握的知识总是不足以使自己渡过难关。但是牛市的时候总是忙于投资，熊市的时候又忙着伤心，赚钱的时候没时间学习，亏钱的时候没心情学习，何时学习实在是一个让人头疼的事情。

其实汲取知识最好的时机是失败之后。为何说失败是成功之母？因为失败首先将为你带来经验；其次，成功容易让人自满。在股市中处于盈利状态的投资者都是不乐于学习的，因为他觉得自己的知识足够了，而失败会使人意识到自己的不足，激发学习的欲望。

对知识的学习就像吃饭一样，一桌子菜，你不可能每样都吃完，对知识的摄取也不能盲目，这就又回到系统性的话题上了，因为

异级同构模型

只有系统性的学习才能真正改变投资者的现状，从来没听过有谁可以通过一两个技法或者模型纵横股市。

基本面与技术面的结合

大多数投资者之所以不能用好技术分析，是因为被技术分析的假象所蒙蔽，技术分析的目的是为了获利，而不是把市场的规律研究明白，分析得再好，没有利润都是徒劳的。

不要把投资当成副业，只有专业的投资者才能在市场中长期获益，因为把股票当副业的人往往缺乏有效利用工具的能力，也不愿意在投资上花费大量的精力。要想成为专业的投资者，系统的学习是至关重要的，不管是技术分析还是基本分析，投资者必须要经过系统的学习才能成熟，在任何一个领域都不要留下盲点。

投资者往往喜欢以技术分析者或者基本面分析者自诩，唾弃自己所不涉及的那些分析方法。的确，作为散户投资者，研究技术面远比基本面容易和准确，但完全摒弃基本面的分析也是不可取的。股市是非常复杂的，影响股价变动的因素既有基本面也有技术面，如果没有基本面，股票市场本身不会存在，而如果只关注基本面，就难以把握到真正的利润。比如一家上市公司公布了良好的业绩，但是为什么股价没有马上上涨，而是需要经历一个过程才开始上涨？说明还有其他的脱离于基本面之外的因素在影响股市，而这正是技术分析所研究的问题。

所以只研究基本面或者只研究技术面在股市中是没有意义的，对于基本面与技术面地结合在本书前面的章节中也多有涉及。

实际上我并不是想要大家花费大量的精力成为一个基本面分析专家，而是希望大家对于基本面分析不抱排斥的态度，你仍然可以以技术分析方法作为自己操作的主体，但当需要的时候也可以通过一些简单方便的基本面分析技术，帮助自己更好的对市场做出判断。

远离表层数据

技术分析从最初的"一把直尺打天下"到现在，经历了长时间的发展，但是许多方法参考的数据仍然局限于直观用眼睛能够看到的那些，比如价格，比如成交量，也许方法复杂，但是选取的数据却很浅显。正如"橘生淮南为橘，生淮北则为枳"一样，选取的数据就像土壤，再好的方法，再高端的理论，如果选取的数据都是浮于表面的，又怎么能够深刻的揭示股市中的规律呢？

所以在研究模型理论的时候，我开始思考，在建立模型或者方法的时候，选取的数据能否更加深层？通过数据和统计出来的方法才是有效的，而用眼睛可以看到的那些更适用于分析，而非获利。对于获利来说，表面价格的变化没有太高的研究价值，真正揭示获利机会的是深层数据的引导结果。不断地对深层数据进行系统的诠释，就能够找到股市中那些真正和利润相关的因素。数据统计和实战经验才是发现真正规律的捷径。

市场中总是存在着很多的"噪音"，排除这些捣乱的噪音，寻找到股市变动真相的最好工具就是数据。但是大多数投资者对数据的认识并不清晰，无论是价格还是成交量的变化，都能够为我们提供市场变化的蛛丝马迹，但是这种对于量价关系的研究，甚至是对于股市中形态的研究，仅仅适用于分析，很难直接为我们提供获利的契机——这也就是很多技术分析研究者学了不少，但却没有改变投资现状的原因。我们必须要学会区分，区分出哪些数据适用于分析市场，哪些数据决定我们能否获利。

隐藏在价格背后的数据才是滤过噪音之后市场给我们呈现的因素，这些数据才是接近市场真相，接近利润的阶梯。

异级同构模型

这种应用市场深层数据的方法,在模型理论的很多模型中都有体现,比如本书中的引导均线,比如第三本中的时空对数法则等,都运用了这种思维。

技术分析之网

随着对市场的研究逐渐深入,技术分析的研究者们很容易变成一个纯粹的学者——市场的规律性与艺术性总是那么让人着迷,让人不由自主想要探寻最深处的奥秘。许多人深信,市场的本质规律能够让人完全掌握市场变化,从而铸造自己的获利传奇。然而至今无人成功找到所谓市场的本质规律,所以我们还是需要把目光放到眼前最重要的事情——获利。

一直提到系统性,实际上系统性不仅仅指完善的系统,更指对股市的认识,也就是说除了建立自己的操作系统,投资者对技术分析也要有一个系统的认识。众所周知,量、价、时、空是技术分析的四大要素,然而股市中的哪些变化与成交量有关,哪些变化又是时间与空间变动的体现,价格的背后反映了什么?这些问题的解答就需要对市场有系统性的认识,也就是说,如果你不因上述问题而迷茫,至少说明你对市场不是毫无认知。

从技术分析的角度,困扰我们的问题更多,也更加具体。从道氏理论、切线理论到波浪理论,股市中的经典理论那么多,总是研究起来觉得简单,但是实战中却不知道该如何使用,如何让它们为获利而服务?从多空双方力量的变化,到市场成本对价格的影响;从时间周期的循环,到代表反转的K线形态;从大数据得出的股价倾向性变化,到空间波动的规律……影响市场的因素这么多,有时它们提供的参考结果是完全相反的,我们该如何从中找出股市的真相?

想要不因此而迷惑，需要的就是对技术分析的系统化认识。前文中提到的各种影响市场的因素以及分析市场的理论，都是从不同角度用不同方法对市场进行解读，当然这种解读的本质都是为了获利。

以获利为目的，对市场的解读有两个方面，第一是确认，第二是预测。

简单来说，确认技术类似于右侧交易，是在走势的变化发生以后确认其真实性，以便进行获利的操作；而预测技术类似于左侧交易，在走势变化发生之前通过其他因素预见此次变化，从而进行获利的操作。

它们之间的关系就像是一张网，如下图所示。

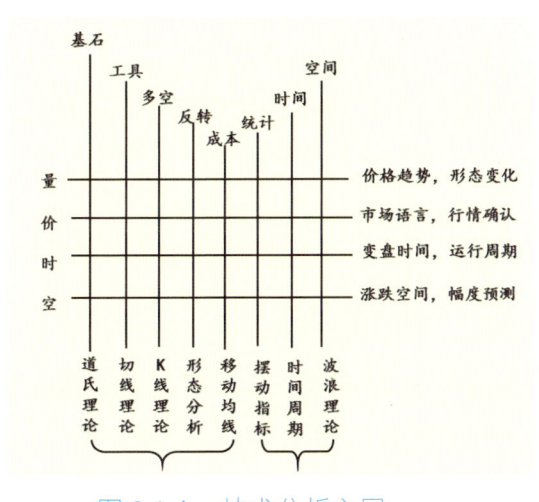

图 8.1.A　技术分析之网

图 8.1.A 是技术分析之网的示意图，当然并不完整，也不太可能完整，毕竟技术分析一直在发展，也不断有新的理念产生。但是通过这张并不完整的网，已经足够让我们对技术分析这一概念有一个系统性的认识了。下面来简单解读一下这张技术分析之网。

模型理论 6

异级同构模型

左侧第一列是技术分析四大要素量、价、时、空，右侧分别对应着它们的含义以及在市场中的具体体现，量这一因素通常代表成交量，其经常被用于对价格趋势的判断和形态变化的印证，量与价总是密不可分的。

价这一因素代表价格，价格是市场最直观的语言，价格的变化既是市场变化的最终结果，也是最直观的体现。价格在技术分析中的作用，除了作为代表变化的数值之外，还经常被用于确认行情的变化，例如确认突破的"三三原则"就用到了价格。

技术分析的研究者必须要学会区分股市中的时间与现实中时间的区别，股市中的时间可以简单理解为K线图上的横轴，它与现实中时间的区别在于，首先它是一个轴，也就是说可以倒退；其次，现实中的时间是用时间单位来衡量的，而在K线图上，时间实际上是用横轴上的距离来衡量的，在不同的K线级别上，横轴上同样的距离所代表的时间是不一样的；最后，其含义是股价发生变化的速率，与股价结合之后会表现出明显的周期性。时间因素在技术分析中的应用一方面是变盘时间点的研究，另一方面就是走势变化的周期性研究。

时间是横轴，空间就是纵轴，与价格是息息相关的。空间更多体现的是股价的变化幅度或者是可能的变化幅度，所以空间这一因素在技术分析中，一般都应用在变化幅度的预测方面。

在这张技术分析之网中，除了纵列之外，还有横行。最下面一行是八种具有的代表性的理论或者指标类型，它们分别对应一些市场中的影响因素。

道氏理论无疑是技术分析的基石，非常适合作为框架的一种理论，并且深入研究也能发现众多的规律，道氏理论不擅长预测，却对确认趋势情有独钟，所以属于确认技术的一种。

切线理论更多的作用是让一些不容易被发现的变化体现出来，

类似于前文提到的深层数据，就好像是放大镜或者显微镜，所以这一理论的定位是"工具"，切线理论同样属于确认技术。

K线理论是许多技术分析研究者接触比较早的一种理论，其本质上是反映市场中多空力量对比的变化，属于确认技术的一种。

对于股市中形态的分析也是研究者们喜欢关注的课题之一，因为很多经典的形态意味着股价的反转，而这种反转有很大概率能够带来相当的利润。形态分析需要等转折形态形成之后才能做出判断，无疑属于确认技术。

千万不要把移动均线理解为是一种指标，实际上它是一类指标，第五章中研究的引导均线就属于移动均线这一指标类别，这一类别指标的作用是反映市场成本。移动均线一般存在滞后性，所以总体来说属于确认技术。

摆动指标也是指标中的一大类别，建立这种指标的规律往往是通过大量数据统计得出的。很多情况下，摆动指标可以作为左侧交易的重要参考，因为它能够对走势的变化进行预测，属于预测技术。

提起时间，总会与周期息息相关，时间周期理论衍生出了相当多的神奇方法，模型理论中对此也多有涉猎，在第五本《模型理论之股市宙合序列》中，更是用了大量的篇幅来阐述这种理论，从某种方面来说，这一理论是对股市中时间这一因素的最好诠释。时间周期理论的最大价值就是预测了，所以无疑属于预测技术。

提到了时间，就不能不涉及空间。如果说有哪一种理论能够对市场中空间的规律完美诠释的话，那一定是波浪理论了，虽然波浪理论有众多的可能性，素有"千人千浪"的美誉，但不可否认它对市场空间波动的诠释是非常经典而准确的。波浪理论同样属于预测技术的一种。

这张技术分析之网除了可以用来帮助研究者系统地理解技术分析之外,对模型理论的研究也有很高的价值,因为随着研究的深入,我发现那些比较实用的模型往往是技术分析之网上的交点,或者说,可以带来利润的规律就隐藏在这些交点之中。

第二节 完整的"珍珠项链"

有位诗人曾说:小事是珍珠,岁月是金线,谁最勤于拾起珍珠,串入金线,谁就有一条青春常在的"珍珠项链"。

珍珠再圆润有光泽,也只是珍珠,唯有将珍珠串成项链,才能发挥最大的价值。股市中的知识和方法也是如此,规律是珍珠,认知体系是金线,用金线把这些珍珠串联起来,才能真正在股市中稳定获利。

我在开篇中提到,这本书采用了散点结构法,每一章都是相对独立的,读者可以任意选择阅读顺序,甚至每一章阅读与否都不会影响对于其他篇章的理解,只要通过最后一章就可以把所有学到的知识点串联起来。这实际上就是采取了珍珠项链的思路,每一章之间的关联看似不明显,却可以通过一根线把它们串联起来。

下面我们来梳理一下每一章中的主要内容:

第一章 将知识化为财富

第一节的内容主要阐述了将知识转化为财富的思路,以及道氏理论对于技术分析研究者的价值，并且介绍了道氏理论衍生的两个小技巧；

第二节的内容主要介绍了道氏直线运动的含义；

第三节的内容主要是结合成交量将道氏直线运动的规律实用化，这一成果解决了走势中横盘时间不确定的问题。

实际上第一章所涉及的内容都是对股市中运动的研究。

第二章　对运动的研究

第一节的内容中阐述了技术分析要解决的两个问题——操作的时机和操作的标的；

第二节开始了对股市运动规律的研究，阐述了判断真假突破和跌破的方法；

第三节大篇幅阐述了全景观测法（通过观测个股或者指数的数据变化，了解整个市场的运行规律），并且以缺口为例阐述了正确的"坐享其成"思路。

虽然表现的形式不同，但是第二章中所涉及的内容同样是对股市中运动的研究。

第三章　你忽略了笔尖的利润

第三章涉及的主要是数据与表格的相关内容，第一节中阐述了主流图表分析中需要搜集的三大类数据——价格、时间和成交量；

第二节中的内容亮点是算数比例尺、比例比例尺、对数比例尺和平方根比例尺四种比例尺的性质与应用。

这一章的内容属于对股市中价格的研究。

第四章　神波区域

第一节的内容主要涉及区间波动的初始模型以及点位预测

公式；

第二节详细阐述了简化神波区域模型的使用；

第三节介绍了初始模型的叠加和完整神波区域模型的实战用法。

第四章的内容实际上是对区间波动的研究成果。

第五章　引导均线

第一节介绍了移动平均线的含义；

在第二节中我们尝试对均线进行引导，阐述了均线引导的含义和用法，特别说明了均线交叉点的含义；

第三节主要涉及了对均线的二次优化与实战。

引导均线实际上也属于对股市中价格的研究成果。

第六章　形态与市场

第一节中详细介绍了蝴蝶、蝙蝠与螃蟹三种形态的含义与价值，主要是形态中蕴含的比例关系；

第二节中主要涉及缺口的描述，包括两种特殊缺口的性质，以及如何用缺口研判趋势，缺口的填补规律等。

第六章的内容属于对市场中形态的研究。

第七章　异级同构模型

第一节中主要涉及对于各个级别趋势规律的研究成果；

第二节阐述如何建立异级同构模型；

第三节中涉及如何使用异级同构模型，主要是十六个点位的性质。

异级同构模型的基础是对趋势的研究。

第八章　异级同构总论

本章中阐述了如何在市场中获取收益，包括学习的时机，技术面与基本面结合的思路，深层数据的概念和系统阐述技术分析的技术分析之网等。

在几何学上有"点动成线，线动成面，面动成体"的说法，实际上对于股市的研究也是类似的思路。

对于市场的研究首先从对价格的研究开始，当价格与时间相关联，就形成了运动，对市场中运动的研究应运而生；随着运动的进行，研究者们开始发现，股价在运动时会在空间上体现出一些规律性，由此产生了对波动区间的研究；关键的区间往往会形成特殊的形态，随着研究的深入，技术分析者们发现了形态与转折的密切关联，于是展开了对形态的研究；最终股市中林林总总的变化归纳形成了各个级别的趋势，对趋势的研究由此展开。

所以，对市场的认识思路是按照从价格到运动，到区间，到形态，再到趋势的次序进行的。当然，趋势并不是终结，还有更多的内容将在以后的交流中与大家分享。本书中的各个章节都与这一次序相关，比如第一章和第二章是对运动的研究；第三章和第五章是对价格的研究；第四章是对区间波动的研究；第六章是对形态的研究；第七章是对趋势的研究。

用这样的思路，把你在本书中学到的内容串联起来，构成对市场的系统性认识，就是这本书的最大意义。

异级同构模型

股海拾贝

学习模型理论想要达到的四种状态

通过对模型理论的研究,我希望各位读者能够达到四种状态:控制损失,扩大利润,合理预测,远离迷惑。

从模型理论系列的第一本书开始,我就一直在强调对损失的控制。作为一个成熟的投资者,在确定买入点的同时一定要确定好止损点,这两个点一定是伴生的。其次,止损点不是随意确认的,它一定要能够代表你所愿意承受的风险,比如在五块钱买入,止损点却设定在一块钱的位置,等到止损的时候,已经亏损了80%,这样的止损点有什么意义呢?

除了止损点之外,合理的分仓也是控制损失的好方法。分仓有两种含义,一种是将自己的所有入市仓位合理分配到几只股票中(同时参与的股票不宜过多,一般为三到五只即可);另一种是分步建仓,即随着走势的运行和趋势的确认,在关键单位逐步增加仓位的比重,以回避判断失误的风险。这里需要强调的是,虽然有些模型中会出现分步止损的方式,但我本人并不建议投资者在实战中毫无依据的分步止损,止损最好一步到位。

股市里的机会是无限的,而每个交易者手中的仓位是有限的,所以成功的交易者第一步要学会的就是控制损失。

第二种状态是扩大利润。炒股的目的就是为了获利,我们为了利润而来,与利润无关的事情不应该引起我们的关注或给我们造成迷惑。所以投资者要学会尽量扩大自己的利润，只有将股市中的本金全部抽回，才能够将资产迅速扩大。这种思路在缠论里面也有所涉及，随着投资的进行，把自己的本金慢慢取出来，这样在股市里翻滚的只剩下利润，随着研究者水平的提高，资产的扩张速度也会更快。

第三种想要达到的状态是合理的预测。很多投资者喜欢预测，但股市中的预测很难百分之百准确，完全依赖预测往往难以获得收益，而完全摒弃预测，投资将变成赌博。所以预测一定要能够合理，能够展望前景，对未来做出合理的预测，有计划地应对可能发生的变化，才能算是成熟的投资者。在股市中，变化永远是主题，没有任何一种方法是长期有效的，也没有任何一种规律是长久不变的（变化本身不在此列）。只有不断学习，不断预测，对前景做出展望，对未来有合理的判断，有计划地应对可能发生的变化（比如系统性风险与常规性风险，甚至是一些可以被预测的投资机会），才能够长久地获得收益。

最后一种想要达到的状态是远离迷惑。在股市中投资常常会有在迷雾中行走的感觉，拨开一层迷雾，前面还有更多的迷雾，永远看不清远方。因为股市中总有很多不确定的因素，俗话说"预知三日，富可敌国。"在股市中别说预知三日，能够完全预知一日的人我都从未见过。投资更像是一种艺术而非科学，艺术更多是靠经验、灵感和浑厚的功底，所以面对充满迷雾的股市，最好的方法就是制定一个计划并严格地执行它，只有这样才能远离迷惑。当你感到迷惑时，就要远离市场。

扫码观看《模型理论》讲解视频
解决学习、应用模型理论中的一系列问题

模型外传——河图洛书与序列九

模型理论系列的书籍，至今已经完成了八本了，从最初的台阶模型到现在的周易形态，由浅入深，由简入繁，由点及面的将我对股市各个方面的理解进行了阐述。

一直以来我也获得了很多"模迷"的支持，无论是给我鼓励和支持，亦或是意见和建议，都是我撰写模型理论系列书籍的动力所在。

可以说，每一本《模型》都是精益求精之后的心血之作。

但是仍然有一些"小小的遗憾"有些内容因为篇幅的原因没有加入进去，有些内容是我在写完那本《模型》之后才研究出的规律，还有出版前后书稿的改动等等，总之，因为各种各样的因素，一些原本应该在《模型理论》系列中呈现给各位读者的知识没有正常的呈现给大家。

所以就萌生了写一篇"模型外传"的想法，顾名思义，这是《模型理论》系列丛书中内容的补充，是对大家错过的一些知识的填补，结合原书中的内容，希望能够让大家对《模型》中的知识掌握的更加深刻，在市场中能够顺风顺水，投资顺利！

在《模型理论》系列的第四本书《固定模型体系》中提到了一种"数九寒天"模型，这也是TD优达版软件中的"序列九"，这种方法非常的简单，并且准确，如下图所示：

很多人对于序列九的理解都停留在"知其然不知其所以然"的境地，我也不知道为什么是九，但是序列九就是很准。

这种情况不能说不好，毕竟股市里面都是应用哲学，好用就行，能赚钱就行，没必要关注原理。

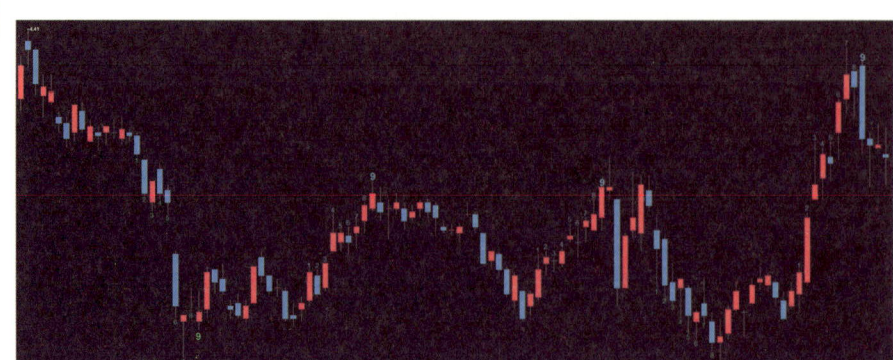

图 Y.1.1 数九寒天模型实战

但是死板的运用不能灵活的应对多变的市场，就好像是在牛市时大家都赚钱，看不出什么差距，但是一到熊市，谁是高手谁是小白就一目了然了。

序列九在大多数时候只需要按照规则运用就可以了，但是有时候我们会遇到这种情况

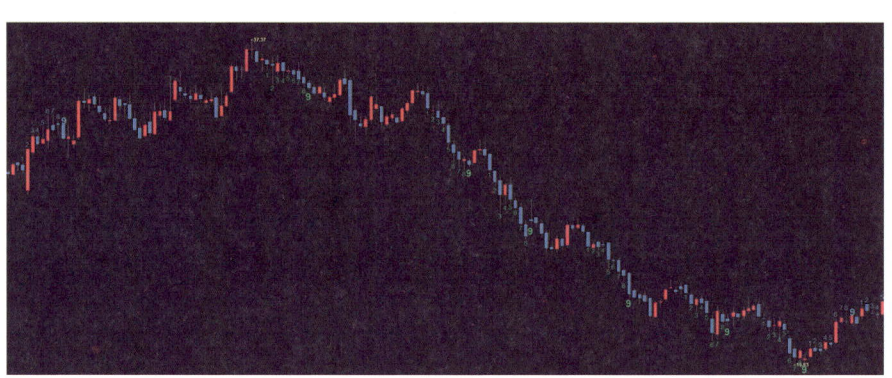

Y.1.2 极端情况下的数九寒天模型

出九了，买入，过两天跌了。
出九了，买入，过两天又跌了。
出九了，买入，过两天又双叒叕跌了。
……

这种时候死板的按照规则运用序列九，虽然因为止损机制的存在不会有大的损失，但是反复出现操作失误，对于投资者心态的打击和时间成本的浪费都是比较大的。

据不完全统计，这种序列九的方法在股市中的正确率大约在52%左右。

而在模型理论四中，对于序列九（即数九寒天模型）的讲解中因为篇幅的原因，是没有这部分理论阐述的。

所以在这篇模型外传中，我特别补充了这部分内容，以帮助研究者能够正确应对上图中的这种情况，将准确率提升到70%以上。

书归正传，对于九这个数字，国人一向是情有独钟的，连皇帝都是九五之尊，而关于九这个数字最神奇，也最能体现规律的，莫过于河图和洛书了。

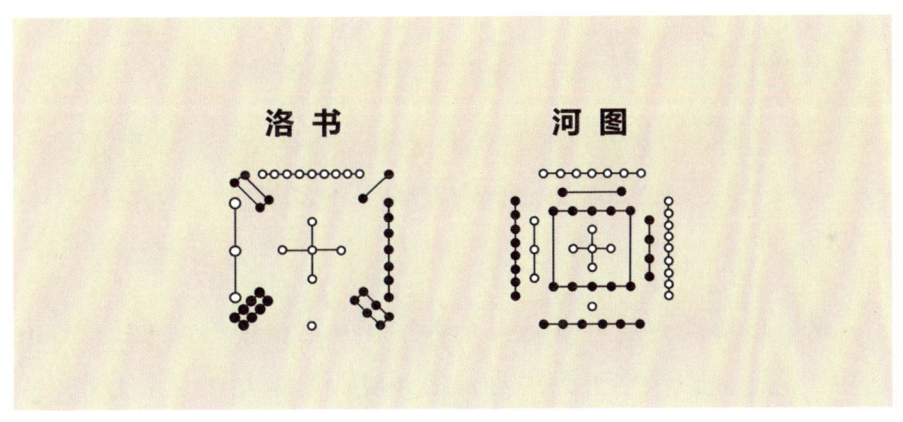

Y.1.3　河图与洛书

河洛是中国人最早的智慧结晶，四大文明古国中，只有中国的文明延续了下来，其他三个古国的文明都有断代，唯有中国的文化和血脉是一直流传至今的，很多时候祖先们给我们留下了非常多的宝藏，但我们却不一定能够解读。

所以在放眼看世界，积极吸收外国先进知识的时候，也不要

模型理论 6

异级同构模型

忘了回头看自己，挖掘老祖宗们留给我们的宝藏。

河洛是建立在周易基础上的中国古代数学思维，而《周易》文化的核心和前提就是河图和洛书，而在"洛书"中，就有一种九宫格数字排序，很神奇，口诀如下：

戴九履一，左三右七，

二四为肩，六八为足，

以五居中，五方皆阳。

Y.1.4　九宫格数字排序口诀图解

这个口诀说的是1-9这九个数字在九宫格中的位置，"以五居中"意思是以数字五为中心，戴九履一是指九在五正上方，一在五正下方，就像是给五戴了个九作为帽子，穿着一作为鞋一样；

左三右七是指五的左边是三，右边是七，就像是五的左右手一样；

二四为肩，是指二和四就像是两肩一样，位于五的左上方和右上方，但是这里需要注意的是，左肩为四，右肩为二，左右是不能反的；

六八为足也是同样的道理，八和六像是脚一样，位于五的左下方和右下方，同样要注意，左八右六不要记反了。

你会发现口诀"二四为肩"和"六八为足"中的数字顺序好像都是反的，其实不然，古代写字是从右往左的顺序，而现代是先左后右，所以你会觉得口诀里的数字顺序反了。

将数字代入口诀中描述的位置就得到了下面一张图：

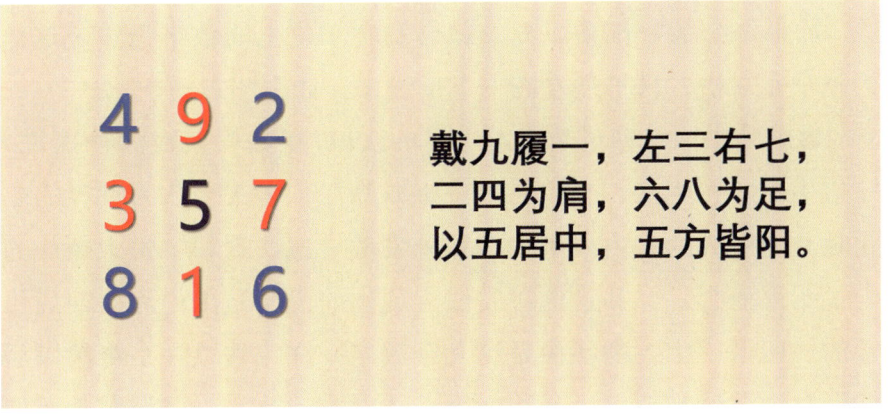

Y.1.5　九宫格数字排序

这张图有什么含义呢？首先从最简单的数学角度，这九个数字如此排列，无论横纵斜哪一列三个数字相加，结果都为15，这是一个完美的排列。

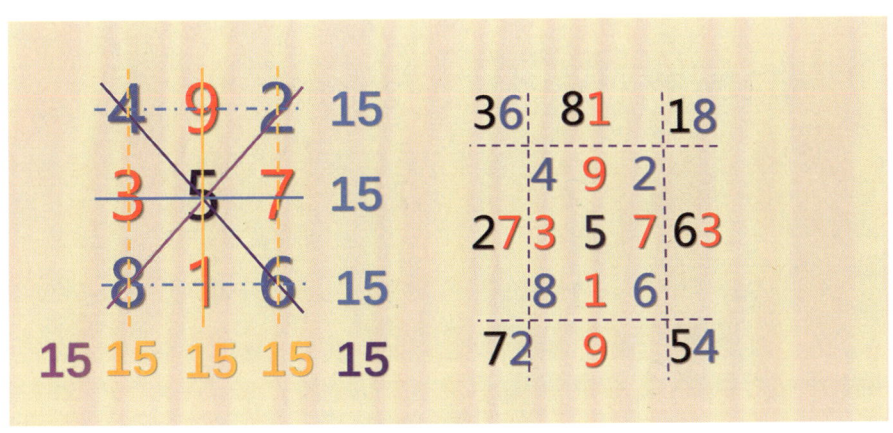

Y.1.6　完美排列与规律的"传递"

异级同构模型

而口诀中的五方皆阳是指五的四个方向（上下左右），四个数字都是阳数，外面的二四六八都是阴数（周易的阴阳观中认为奇数为阳，偶数为阴，因为天地万物先阳后阴，数字先奇后偶）。

这一排列的意义是揭示了某一个数字出现在哪个方位是最和谐的，模型理论一直认为，股市是数与形的结合，那么我们把这一数字排列运用到股市中会是什么样子呢？

如果每个数字都乘以九，就会发现个位上的数字仍然是这样的一个九宫格，只不过左右上下反过来，如上图右侧所示。

这就是中国人通过数字对世界的认识，正如《道德经》中所说："道生一，一生二，二生三，三生万物"，古人们认为世界的变化是几何形式的，由一个中心往外发散（这一点和宇宙大爆炸的学说不谋而合），并且这种发散表现出的规律是由中间向四周传递的。所谓三生万物就像是这九个数字一样，乘以一个奇数以后你会发现个位的数字还是这九个一一对应，数字一层层向着四周传递，但是规则并不改变。

实际上，《道德经》中所阐述的"道生一，一生二，二生三，三生万物"属于"万物观"，而国人还有一个很重要的观念就是"宇宙观"，这种"宇宙观"同样可以通过这九个数字的排列来呈现，如下图所示：

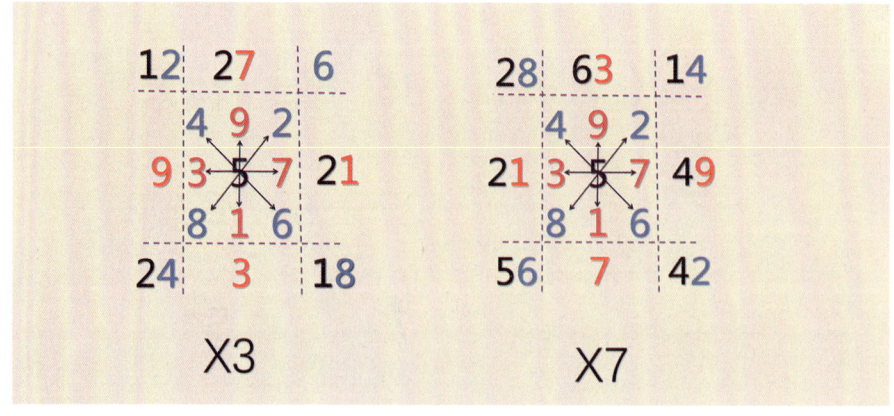

Y1.1.7 规律的"传递"并非个例

就如我在前文中提到的,我们把这九个数字乘以同样的奇数,结果的个位数仍然是这九个数字,排列的位置会变化,但是对应的规律却是不会变化的,具体来说,12346789 八个数字围绕着 5 进行顺时针的变化,如下图所示:

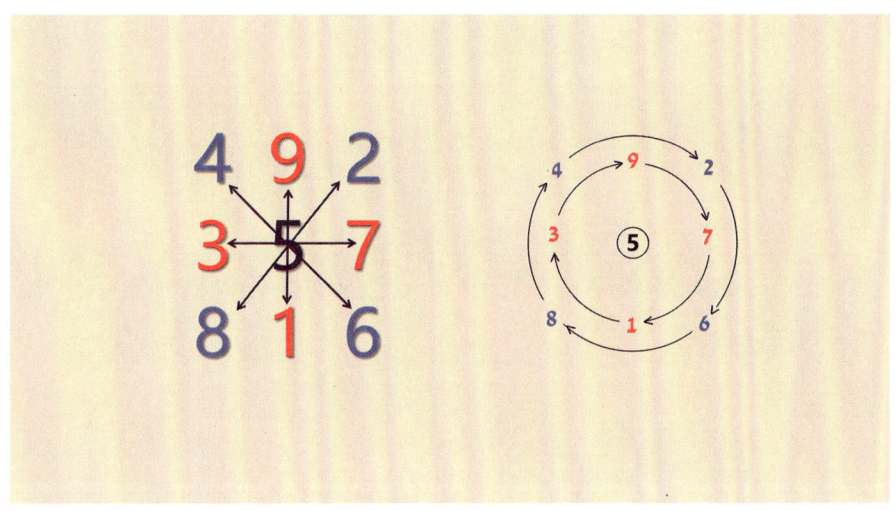

Y.1.8 顺时针变化的数列环

所以我经常会提醒大家别忘了去挖掘老祖宗留给我们的遗产,即使到今天,中国的文化仍然是世界哲学史上的高峰。我们对于世界的认知直到今天仍然是先进的。

如果我们把这种宇宙观延伸到股市中又会怎么样呢?

如果每一个数字为起点经过五做一条直线(五除外),每个数字都会得到九组数字,即 159/258/357/456/519/654/753/852/951。如图所示:

异级同构模型

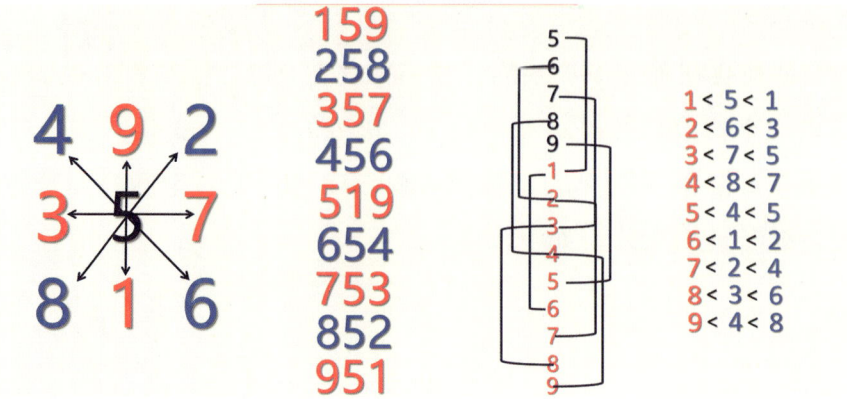

Y.1.9 九组数列的意义

这九组数字各自代表什么含义呢？

首先把这九组数字在股市中九天之内的变化以横轴表示出来，如下图所示：

159　123456789 123456789　　1<5<1

Y.1.10 序列组 159 的解读

以 159 这组数字为例，"1"表示在原力九中序列为 1 的交易日收盘价，"5"表示在"1"之前距离最近的序列为 5 的交易日收盘价，如图中上面的弧形箭头标识，"9"表示在"1"之前距离最近的序列为 9 的交易日收盘价，如图中下面的弧形箭头标识。

可以看到，"1"与"5"之间相距 5 个交易日，与"9"相距 1 个交易日（需要注意的是，只能从原力九中序列点的位置往前数，因为往后的走势还没有走出来，我们只能用已知的过去作为条件），所以序列 1 要满足的条件是"收盘价小于五个交易日前的收盘价，小于一个交易日前的收盘价"，所以原力九中序列1的条件简记为"1＜5＜1"。如此，就将159这组数字转化为了序列1的形成条件。

Y.1.11　序列组 258 的解读

第二组数字为258，"2"表示在原力九中序列为2的交易日收盘价，"5"表示在"2"之前距离最近的序列为5的交易日收盘价，如图中上面的弧形箭头标识，"8"表示在"2"之前距离最近的序列为8的交易日收盘价，如图中下面的弧形箭头标识。

可以看到，"2"与"5"之间相距6个交易日，与"8"相距3个交易日，所以序列2要满足的条件是"收盘价小于六个交易日前的收盘价，小于三个交易日前的收盘价"，所以原力九中序列2的条件可以简记为"2＜6＜3"。

357　123456789123456789　3＜7＜5

Y.1.12　序列组 357 的解读

第三组数字为357，"3"表示在原力九中序列为3的交易日收盘价，"5"表示在"3"之前距离最近的序列为5的交易日收盘价，如图中上面的弧形箭头标识，"7"表示在"3"之前距离最近的序列为7的交易日收盘价，如图中下面的弧形箭头标识。

可以看到，"3"与"5"之间相距 7 个交易日，而"3"与"7"相距 5 个交易日，所以原力九中序列 3 要满足的条件是"收盘价小于七个交易日前的收盘价，小于五个交易日前的收盘价"，所以原力九中序列 2 的条件可以用"3＜7＜5"的公式来简单记忆。

456　123456789123456789　　4<8<7

Y.1.13　序列组 456 的解读

第四组数字为 456，"4"表示在在原力九序列中第 4 个序列点所代表的交易日收盘价，"5"表示在"4"之前距离最近的序列为 5 的交易日收盘价，如图中上面的弧形箭头标识，"6"表示在"4"之前距离最近的序列为 6 的交易日收盘价，如图中下面的弧形箭头标识。

接下来计算各个序列点之间的距离，首先，"4"与"5"之间相距 8 个交易日，几乎将九个序列走了一个循环，这也是两个序列点之间距离最大的情况。因为序列点之间的距离最大为 8，一旦为 9，则一个完成的序列就会抵消。

其次，"4"与"6"相距 7 个交易日，由此可知，原力九中的序列 4 要满足的条件是"收盘价小于八个交易日前的收盘价，小于七个交易日前的收盘价"，故序列 4 的条件可以简记为"4＜8＜7"。

519　123456789123456789　　5<4<5

Y.1.14　序列组 519 的解读

第五组数字比较重要，这组数字是分割规律的一个点，也是独立于规律之外的一个点，为什么这么说呢？最显著的一个点就是除了这组数据之外，每组数据中的第二个数字都是"5"并且稍后把九个序列点的条件全部推导出来之后，整体来看这种对于规律的分割就会非常清晰明白。

第五组数字为519，"5"表示在原力九中序列为5的交易日收盘价，"1"表示在"5"之前距离最近的序列为1的交易日收盘价，如图中上面的弧形箭头标识，"9"表示在"5"之前距离最近的序列为9的交易日收盘价，如图中下面的弧形箭头标识。

第五组数字的解读规则与其他数字并无区别，仍然是关注序列点之间的距离，但却是序列点之间依次放大规律的一种打破，在这个点，序列点之间的距离回归到较小的状态，具体来说，"5"与"1"之间只相距 4 个交易日，而"5"与"9"也只相距 5 个交易日，由此可知，原力九中序列 5 要满足的条件是"收盘价小于四个交易日前的收盘价，小于五个交易日前的收盘价"，这个序列点的形成条件可以用"5＜4＜5"的公式来简单记忆。

654　123456789123456789　　6<1<2

Y.1.15　序列组 654 的解读

从第五组数字之后，接下来的四组数字开始恢复规律性，第六组数字为654，看上去只是第四组数字反过来，但两者代表的含义并非如此。

在第六组数字中，"6"表示在在原力九序列中第 6 个序列点所代表的交易日收盘价，"5"表示在"6"之前距离最近的序列

异级同构模型

为 5 的交易日收盘价，如图中上面的弧形箭头标识，"4"表示在"6"之前距离最近的序列为 4 的交易日收盘价，如图中下面的弧形箭头标识。

可以看到，造成第六组数字和第四组数字之间的差距的最大原因就是作为序列点的 6 是大于 5 和 4 的，而第四组数字中代表序列点的是 4，小于 5 和 6，都是往前计算距离的情况下，序列点之间的距离自然会相差很大，这部分内容可能不好理解，需要结合图片反复参详，但如果实在无法理解也不用担心，单纯的记住条件也不影响使用效果。

接下来继续计算各个序列点之间的距离，首先，"6"与"5"之间相距 1 个交易日。其次，"6"与"4"相距 2 个交易日，由此可知，原力九中的序列 6 要满足的条件是"收盘价小于一个交易日前的收盘价，小于两个交易日前的收盘价"，故序列 6 的条件可以简记为"6＜1＜2"。

Y.1.16 序列组 753 的解读

第七组数字为 753，"7"表示在原力九中序列为 7 的交易日收盘价，"5"表示在"7"之前距离最近的序列为 5 的交易日收盘价，如图中上面的弧形箭头标识，"3" 表示在"7"之前距离最近的序列为 3 的交易日收盘价，如图中下面的弧形箭头标识。

可以看到，"7"与"5"之间相距 2 个交易日，与"3"相距 4 个交易日，所以序列 7 要满足的条件是"收盘价小于两个交易日前的收盘价，小于四个交易日前的收盘价"，所以原力九中序列 7 的条件可以简记为"7＜2＜4"。

Y.1.17　序列组 852 的解读

第八组数字为 852，"8"表示在在原力九序列中第 8 个序列点所代表的交易日收盘价，"5"表示在"8"之前距离最近的序列为 5 的交易日收盘价，如图中上面的弧形箭头标识，"2"表示在"8"之前距离最近的序列为 2 的交易日收盘价，如图中下面的弧形箭头标识。

接下来计算各个序列点之间的距离，首先，"8"与"5"之间相距 3 个交易日，其次，"8"与"2"相距 6 个交易日，所以原力九中的序列 8 要满足的条件是"收盘价小于三个交易日前的收盘价，小于六个交易日前的收盘价"，由此可知，序列 8 的条件可以简记为"8＜3＜6"。

951　123456789123456789　9<4<8

Y.1.18　序列组 951 的解读

最后一组数字是 951，代表的是原力九中最后一个序列点的形成条件，"9"表示在原力九中序列为 9 的交易日收盘价，"5"表示在"9"之前距离最近的序列为 5 的交易日收盘价，如图中上面的弧形箭头标识，"1"表示在"9"之前距离最近的序列

模型理论 ⑥

异级同构模型

为1的交易日收盘价，如图中下面的弧形箭头标识。

可以看到，"9"与"5"之间相距4个交易日，与"1"相距8个交易日，这是第二次出现两个交易日之间出现距离达到最大的情况（最大为八），上一次出现是在序列点4的条件中，一旦达到最大，就会出现变化，序列点4之后在序列点5规则就出现了变化，而序列点9再次出现距离达到最大，序列到此结束。

根据距离推导，序列9要满足的条件是"收盘价小于四个交易日前的收盘价，小于八个交易日前的收盘价"，所以原力九中序列9的条件简记为"9＜4＜8"。

如此，就将九组数字转化为了原力九中序列点1-9的形成条件，分别为：

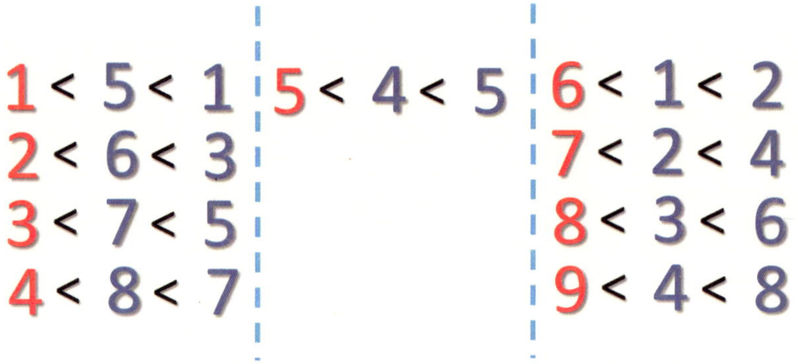

1＜5＜1	5＜4＜5	6＜1＜2
2＜6＜3		7＜2＜4
3＜7＜5		8＜3＜6
4＜8＜7		9＜4＜8

Y.1.19　原力九买入点的条件

根据以上条件找出的序列被称为原力九，前文中提到过，九组数列衍化的规则之间存在着规律，而这些规律在第五组数列的位置发生变化，我们把前四组数据衍化的规则、第五组数据衍化的规则和后四组数据衍化的规则分别列出，就能够更容易的发现其中的规律，如上图所示。

图中用蓝色虚线划分了三组数据，左侧是前四组数据，中间是第五组数据，右边是后四组数据，竖着看规律性就非常的明显了，前四组的数据中，第一列是1234，第二列是5678，第三列是1357，而后四组的数据中，第一列是6789，第二列是1234，第三列是2468，规律性非常明显，掌握这样的规律非常方便记忆。

当然这是通过原力九序列寻找买入点的条件，而通过原力九序列寻找卖出点的推导原理和过程基本和前面推导买入点的过程一直，最终得出的公式也与之近似，只是大小关系完全相反，如下图所示：

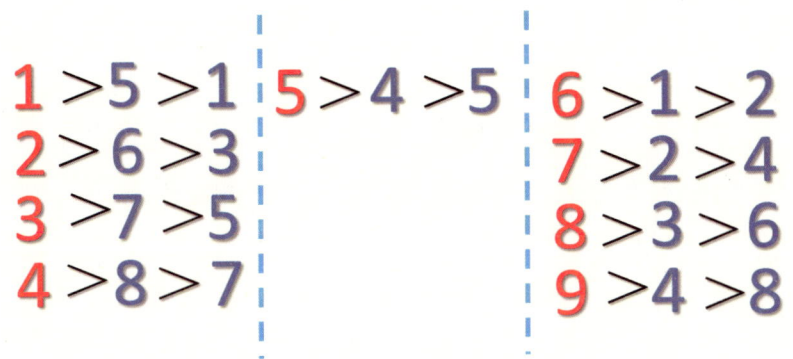

Y.1.20　原力九卖出点的条件

感兴趣的朋友不妨自己推导一下原力九序列卖出点的条件，在这个过程中会充分的加深对于原力九序列的理解。

有了原力九的构成条件以后，我们就可以解决股市中结构和数之间的关系，这样无论是单边下跌或者波段走势都可以通过这种逻辑关系进行掌握。

如下面的案例所示：

异级同构模型

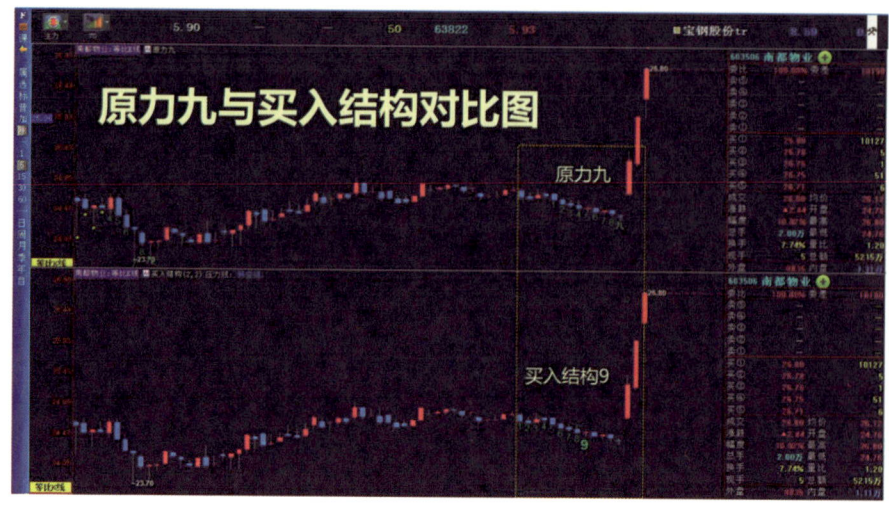

Y.1.21　原力九的优势

上图是原来的序列九公式选择的买入点和原力九选择的买入点，可以看到，序列九出现买入结构之后，股价还调整了四个交易日，而原力九的买入位置直接出现在股价的起涨点。

并且原力九不仅仅是解决了有时候序列九出现之后股价还会跌的问题，并且如图中左侧的波段低点，可以看到，这个波段低点序列九是不能把握的，而原力九在这里却有一个买入提示，也就是说，原力九与序列九相比，优势不仅仅是准确，还在于能够提供更多的买卖点位参考。

并且原力九是可以运用到任何周期的，也就是说在分时线中也可以用这种技巧，如下图所示：

可以看到，即使是在分时图中，原力九也是可以应用的，而且准确率相当高，出现"九"了，差不多就是顶，出现"底"的位置就是涨停的起始。

那有人要问了，这分时图上怎么算的？将折线图转化为K线图，计算方法和日线上并无差别，只不过分时争的就是时间，所以很考验使用者的计算速度，不以计算见长的研究者，还是建议

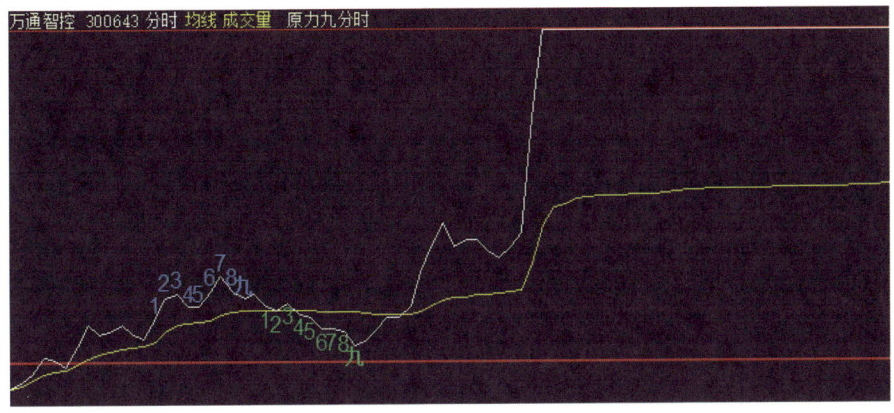

Y.1.22 原力九在分时上的应用

多多借助工具。

在使用中你会发现序列九有一个问题，就是它提供的买卖依据是非对称性的，具体来说就是在某一波上涨中，它会提供买点，但是不一定会提供卖点，或者在某一段走势中只提供卖点不提供买点，在实战中，有时会为投资者带来麻烦。

而原力九虽然不是对称性的，但是多数情况下，原力九提供的点位都是成对出现的，在同一段走势中有买有卖，形成一个完整的操作链条。如下图所示

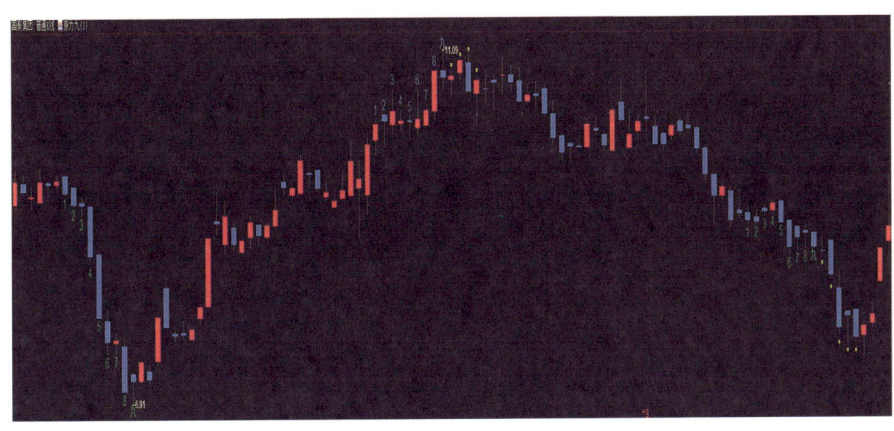

Y.1.23 原力九的"对称性"

异级同构模型

　　如图是603977国泰集团的日线走势图，可以看到，图中左侧在股价的最低点6.91元的位置出现了原力九，买入，之后股价一路上涨，在本轮上涨的最高点11.09的位置又出现了原力九，卖出，在精准的买到最低，卖到最高之外，还很完整，一轮上涨的最高点和最低点都给出了提示。

　　本质上来说，原力九和序列九并没有区别，两者的理论依据是完全相同的，只不过我们通过经典的"模型思维"即把握"数与数，形与形，数与形"的关系，通过传统的河图洛书中九宫格数字排列的规律对其进行了优化，虽然计算的过程变得复杂，但是买入点和卖出点出现的位置更加的准确，极大的提高了这种方法的准确性，大大的提升了投资着的资金成本和时间成本利用率。

　　最后，还是回到我一直强调的观点，在放眼看世界，积极吸收外国先进知识的时候，也不要忘了回头看自己，挖掘老祖宗们留给我们的宝藏。

　　希望这一篇模型外传能够对各位"模迷"们对于模型理论的学习、研究和使用提供一些帮助。

后　记
——阅读是一种智慧

☆如果猩猩会读书

文字，实在是人类历史上最伟大的发明。

文字产生了书籍，书籍使传承变得更有效率；传承产生了智慧，智慧使人类统治了地球。就像高尔基所说："书籍是人类进步的阶梯。"书籍是知识得以传承的基石，是人类文明发展和延续的载体。

人类一直以万物之灵自居，一直是自然界最具智慧的种族，但你是否思考过这样一个问题：人类的智慧来自哪里？

在探究这个问题之前，我们不妨先来看下面一组事实：

1．黑猩猩会制作和使用简单的工具。

2．鹦鹉对图形的记忆力非常出众，甚至能做数学题。

3．章鱼特别善于模仿，并且能够通过思考来解决复杂的问题。

4．大象有家族和自我的概念，并且记忆力很好。

5．海豚除了有自我认知和死亡的概念，还有强烈的同情心和好奇心——恐怕这也是许多人被他们拯救的原因。

6．逆戟鲸有复杂的逻辑思维和丰富的情感，甚至会表现出鲜明的"个性"。

尽管很聪明，也仅是动物的智慧。这些"不学无术"的家伙们的智慧只能达到这样的程度。

那么，人如果不读书呢？

异级同构模型

鲁德雅德·吉卜林曾写过一本叫作《丛林奇谈》的书（或者有些人看过由这本书改编的迪士尼动画《丛林王子》），书中讲述了一个由野兽抚养长大的男孩莫格利的故事，故事本身或许玄奇梦幻，素材却是取自现实。

来自网络上的数据显示：截止到20世纪50年代末，科学上已知有30例孩童在野外长大的案例，这些案例中大部分孩童是由野兽抚养长大，其中最著名的就是印度"狼孩"。

但这些孩子无一例外像野兽多过像人，并且其智商大多只有三到四岁的程度。除非这些在不同时期、不同地区发生的案例中的"莫格利"都非常巧合的在先天上有缺陷（当然，提出这种可能仅是出于对概率学的尊重），那么我们可以证明：把人类孩童放到野兽的环境中，他也只会成为野兽而不是人，甚至不会体现出智商上的优越性。

人之所以成为人，并非天生高贵或者智商超群，而是因为知识和经验的传承，而传承的最主要方式就是学习，学习的最主要方式就是阅读。几乎所有的知识、经验、智慧和技能都可以通过阅读来获得。

所以智慧来自阅读。

我们有理由相信，如果黑猩猩能够学会阅读的话，它们将有可能进化为真正的智慧生物。

☆别让阅读如此难熬

当我们在生活中遭受挫折而有感于自己能力的不足时，当我们不安于现状而渴望获得更多时，学习往往就是摆脱困境或者谋求进步的最佳方式。

我们翻开一本书，往往是因为意识到了自己需要掌握这些知识，或者意识到了书中的这些知识的价值。

理智告诉我们需要汲取这些知识，但当我们硬着头皮翻开书，那些密密麻麻的蝇头小楷只会让我们感到厌烦，犹如催眠的歌声一般放大我们的疲倦和困意。实际上，就在不久之前，笔者的一个朋友还对我说我推荐给他的床头读物治愈了他的失眠症。

笔者由衷地为他可以睡个好觉而感到高兴，同时也为这位朋友的阅读习惯感到惋惜——在笔者看来，他根本不懂该如何读书。

☆一本书的正确打开方式

为何阅读对我们来说如此难熬？

原因有很多，但最重要的一点是兴趣，在做大多数事情的时候，疲倦与困倦都是产生在厌烦的基础上，很多时候我们并不是真的累了，而是无聊和厌烦让我们感觉到疲惫，人在做他感兴趣的事情的时候从来不会疲惫。

阅读也是如此，对于一本书来说，如果你并非真的喜爱其中的内容或者需要其中的知识，就不要翻开它，除非你也想靠它治愈失眠症。

很多时候选择一本你真正感兴趣的书才是成功阅读的第一步，强行阅读一本自己不喜欢的书无疑是一种自我折磨。

另外，当你觉得阅读让你感到疲惫或者不快时不妨换个时间，换个方式来试试。

如何保持你对一本书的兴趣？

关键在于心态，如果你想达到较好的阅读效果，就千万不要强迫自己读书。在读书时，找一个让自己舒服的心态远比找一个让自己舒服的姿势更能提高效果。

良好的读书心态能够让我们

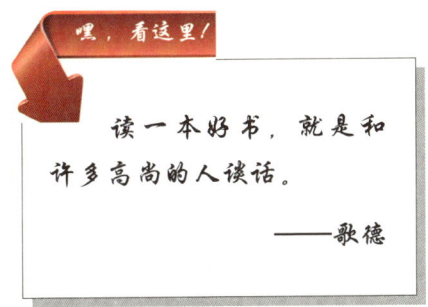

读一本好书，就是和许多高尚的人谈话。

——歌德

模型理论 6

异级同构模型

长时间地保持对阅读的热情，反之，不好的心态只会让我们在阅读时心情越来越糟糕。

一本好书既像朋友又像老师，我们不应该为了读书而去读书，最好是抱着自我提升的心态，慢慢地去阅读，要让读书成为一种享受。

在阅读时还需要注意的一点就是最好要有明确的阅读目的（当然，小说、杂志这一类文学作品不在此列），《庄子·养生主》中有这样一段话："吾生也有涯，而知也无涯。以有涯随无涯，殆已！"说的就是人生短暂，而知识是无穷无尽的，如果不能明确自己的目的，汲取对自己有用的知识，而眉毛胡子一把抓的话，最终只能"殆矣"。

所以用有限的时间去尽可能获取对自己最有用的知识，才是阅读最重要的意义，也是最难把握的一点。

《三国演义》中水镜先生司马徽向刘备推荐诸葛亮的时候有这样一段话："孔明与博陵崔州平、颍川石广元、汝南孟公威与徐元直四人为密友。此四人务于精纯，惟孔明独观其大略。尝抱膝长吟，而指四人曰'公等仕进可至刺史、郡守'众问孔明之志若何，孔明但笑而不答。每常自比管仲、乐毅，其才不可量也。"

诸葛亮以智名闻天下，天赋并不一定比它的几位好友要高，但为何最终成为"功盖三分国，名成八阵图"的诸葛武侯？原因就在于读书之法，他的几位好友是"务于精纯"，唯独诸葛亮是"观其大略"，这就是读书目的的不同。

务于精纯是为学之道，观其大略是为实之道，一个强调深度，一个强调广度，对于大多数人来说，两者间并没有本质上的优劣之分。从股市学习的角度讲，依前者读书可为专才，依后者读书可为通才，如果你想成为某一方面的专家学者，就"务于精纯"通于一道，达于一道，能人所不能，但在处理实际问题的能力方面难免有所欠缺。

而如果想要成为实践派大师，就需要知识面足够宽广，在读书时就要注重对知识的全面性掌握和知识领域的开拓。只有拥有渊博的知识，才能对股市中的各种现象及成因了如指掌，面对股市中的变化才能够波澜不惊、从容应对。

> 嘿，看这里！
>
> 播种行为，可以收获习惯；播种习惯，可以收获性格；播种性格，可以收获命运。
>
> ——萨克雷

这就是阅读目的的重要性。笔者的建议是：如果你真的需要某一方面的知识的话，最好培养自己在这方面的兴趣和爱好，就像孔子说的："知之者不如好之者，好之者不如乐之者。"兴趣永远是阅读的最佳动力。

对于阅读，最后还要提及的一点就是阅读习惯，阅读时的习惯对一个人的影响是巨大的，养成好的阅读习惯将有助于提高阅读的效率，因为每个人都是独一无二的，所以不能武断地认为什么样的习惯是好的阅读习惯，因为同样的习惯，在一些人身上会起到正面的效果，而在另一些人身上则会完全呈现负面效果。

但发现并培养对自己有利的读书习惯是增加阅读趣味性，提高阅读效率的好方法。

下面笔者列举一些适用面较广的阅读习惯，希望能够对各位读者有所帮助。

1.书籍不要完全堆在书架上，那样它们只会起到装饰作用（当上面落满灰尘时甚至连装饰作用都不会有），把你正在读、经常读或者喜欢读的书放在你的身边，比如床头柜、沙发、茶几、车里甚至随身携带，这样当电视剧中插播广告或者堵车时你就可以拿出书来读一读。

很多好书是值得随身携带的，晋朝有一本记录用常见草药或方法处理急性病症的医书，因为作者认为很值得随身携带，就给

异级同构模型

它命名为《肘后备急方》。因为古代的衣服都是宽袍大袖，装东西都是装在袖子里面肘后的位置，如果是在今天写成估计会被叫作《兜里必备急救指南》。

2. 找到适合自己的读书方法，比如流传较广的"三遍读书法""兴趣阅读法"等，也可以借鉴名人的经验，比如鲁迅先生的"跳读"法；舒庆春先生（老舍）的"印象"法；著名数学家华罗庚的"厚薄"法；散文家余秋雨的"畏友"读书法等。当然，别人走过的路可以借鉴，但最适合自己的读书方法还需要每个读者自己去探索。

3. 养成做读书笔记的习惯，或者读完一本书后随手写下心得，这样以后可以只通过寥寥数语的笔记就想起书中的知识，也方便以后"温故而知新"，回忆起初次阅读时的感受也许会有新的体悟。

就像毛主席的老师徐特立先生说的那样："不动笔墨不读书。"

阅读是掌握前人智慧和经验的最好方法，也是谋求自身进步和发展的最好方法，每个人都需要阅读，为什么要让阅读成为一种煎熬呢？

笔者希望这本书能够给大家带来知识的同时带给大家愉快的阅读体验。

如果您对本书中的内容有任何疑问或者建议，可以扫描下面的二维码添加模型理论公众号，与我们进行沟通。

MODEL THEORY

微信扫码订购

《模型理论1——股市获利阶梯》

一个可以精确到点位的股市预测模型，一个经历数年指数考验的神奇数字，数形结合精髓的体现。

如果告诉你有这样一个公式，它能精准地预测股价的顶底数值，无论是月线还是年线，全都适用，并且准确性极高，很多时候预测的结果与实际数值甚至相差不到一个点，你是否会觉得不可思议？是否对此既不敢相信又期待万分？

微信扫码订购

《模型理论2——时空对数法则》

前所未有的时空规律，独辟蹊径的接盘角度，让您收获意想不到的股市利润。

模型理论之二，重点讲了时空的三大要素、数与形的关系、时空选股方法，还揭开了一个隐藏的秘密，包括那些在股市中收获了巨额财富的股市神话们都未曾挖掘过的宝藏。

微信扫码订购

《模型理论3——破译趋势基因》

在周期上先大后小,在趋势上先长后短。

本书重点介绍了股市中周期循环的规律,以及如何使用这些规律来对股价未来的走势做出预测。一旦您掌握了这些周期律的奥秘,预测股市对您来说将不再是难题,股市获利就变得轻而易举。

微信扫码订购

《模型理论4——固定模型体系》

经典投资理念与稳固体系模型密切结合,并将对市场的"敏感"植入模型,发挥巨大融合效应,极大改善了固定模型适应性差的弊端。

这些模型融合了不同的理念,各有不同的优势,适应不同的情况。根据自己的情况在其中加入更多适合自己的元素,发展出一套适配自己的体系,就可以轻松获利。

微信扫码订购

《模型理论5——宙合之序》

本书为大家重点介绍股市中周期循环的规律,以及如何使用这些规律来对股价未来的走势做出预测。本书将为你展现预测的魅力,揭开它所隐藏的一切奥秘,如果你真的学懂了书中的知识,那么,预测对你来说将不再是难题。

微信扫码订购

《模型理论6——异级同构模型》

这书主题是"异级同构模型",以一种前所未有的层次化模型,通过一种全新的角度来看股市,从最细微的分形里发现走势变化的奥秘,从最宏观的走势中把握股市涨跌的规律,试图帮助投资者在激烈的股票市场博弈中找到一片蓝海。

MODEL THEORY

《模型理论7——九衍时空镜转》

  本书主题是"九衍时空镜转",以"宏观分形"的全新理论来看股市,从"分式镜转模型"和"衍式镜转模型"两种方向讲解,从多个角度把握股市走向的规律,准确预测未来点位不再遥不可及。

微信扫码订购

《模型理论8——象数理形态模型》

  中国传统哲学讲究象数理,大道至简,象是用眼睛能看到的,数则是事物的抽象表现,而理是事物之间的逻辑关系,所以象是可见的形,数是抽象的形,而理是形的内在逻辑,因形而有数,因数而有理,一切起于形而终于理。

  根据上述原理,本书将传统哲学象数理在市场中的形态全部推演了出来,应用于证券交易市场,揭示市场行情波动的本质。

微信扫码订购

罗宾斯杯期货交易冠军赛总冠军
拉瑞·威廉姆斯代表作品

拉瑞·威廉姆斯,超短线之父,1987年参加全美罗宾斯杯期货交易冠军赛,到1987年9月,他的比赛账户由1万美元涨到2042967.18美元;该年度比赛结束时,威廉姆斯的净收益率为11376%,创下自1984年罗宾斯杯举办至今无人打破的纪录,成为当之无愧的总冠军。

此后,威廉姆斯通过图书和讲座,在世界各地传授其投资理念和操盘技巧,很多弟子也获得了罗宾斯杯冠军。其中,他的女儿米歇尔·威廉姆斯,年仅17岁就以1000%的净收益获得了罗宾斯杯冠军,也创下了自1997年至今无人打破的纪录。

在《短线交易天才:我如何在去年商品期货市赚到100万》这本书里,你会看到威廉姆斯用来赢得罗宾斯杯总冠军的思考方式、交易系统、策略工具和把握时机的方法。

微信扫码
查看详情

罗宾斯杯期货交易冠军赛总冠军
拉瑞·威廉姆斯代表作品

在《选股密码》中,威廉姆斯展示了其独特、简单而实用的选股指标,如何成功预测股市的短、中、长期趋势,如何将选股方法和市场时机结合来提高绩效。他用来示范的股票投资组合,半年上涨了52%,收益几乎高出同期道琼斯指数的3倍。

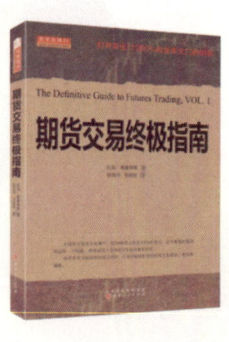

在《期货交易准则》中,威廉姆斯告诫交易者不要浪费精力在寻找完美系统上,而应打造自己的交易系统。《期货交易终极指南》则对市场、交易系统、资金管理技巧和其他没有被总结过的主题进行了全面界定。

微信扫码
查看详情